오프라
윈프리

선생님도  인물뒤집기

오프라 윈프리

캐서린 크론 지음 | 강성희 옮김

"전 사람들이 최고의 자신을 되찾는 걸 도와 주고 싶어하는 목소리일 뿐이에요. 우리 안에는 가장 좋은 자신의 모습이 있습니다.

오즈의 마법사에서 착한 마녀 글린다가 도로시에게 말하죠. '넌 항상 갖고 있었단다, 얘야.'

여러분은 언제나 그런 힘을 가지고 있어요. 모두가 자기 안에 그런 힘을 갖고 있죠."

| 오프라 윈프리 |

오프라 윈프리
Oprah Winfrey

차례

01	성경을 외는 깜찍한 소녀	09
02	나의 집은 어디인가?	23
03	사랑과 관심을 보여 주세요	33
04	진실을 알리고 싶어요	49

05	내게 토크쇼는……	67
06	오프라 윈프리 쇼	83
07	책 읽는 기쁨 속으로	109
08	날개를 단 오프라	125
09	한계는 없다	141

Oprah Winfrey

01 성경을 외는 깜짝한 소녀

"할머니 친구 분들 앞에 서서 암기한 구절들을 낭송하곤 했어요. 그리고 어디를 가든지 '내가 암송하는 걸 들어 볼래?' 하고 말하고 다녔죠."

네 살 된 오프라 윈프리는 미국 미시시피 주 외진 곳에 있는 할머니 댁, 현관 문턱에 서 있었다. 오프라는 할머니 해티 메이 리가 커다란 검은 가마솥 안을 막대기로 휘휘 저으며 빨래를 삶는 모습을 지켜보았다. 때는 1958년이었다. 해티 메이 할머니

◀ TV 시리즈 〈브루스터 플레이스〉에 출연한 오프라 윈프리.

는 세탁기를 살 형편이 되지 않아 가족들의 빨래를 끓는 물에 삶아 빨았다.

"'난 저렇게 살지 않을 거야.' 하고 생각했던 게 기억납니다. 자만심에서 그렇게 생각했던 건 아니었어요. 제 삶은 다를 수 있다는 사실을 알았던 거죠." 나중에 오프라는 이렇게 말했다.

오프라 게일 윈프리는 1954년 1월 29일, 미국 중부 미시시피 주의 작은 마을인 코지어스코에 있는 할머니 댁에서 산파의 도움으로 태어났다. 오프라의 어머니, 버니타 리는 당시 열여덟 살이었는데 결혼도 하지 않은 상태였으며, 아기 아버지 버논 윈프리와 진지하게 만나는 사이도 아니었다. 버논 윈프리는 앨라배마 주 포트 러커에 주둔해 있던 육군 사병으로 당시 스물다섯 살이었다. 그의 조부모는 미국 남북 전쟁이 끝난 후에 해방된 미시시피의 노예였다. 이제 갓 태어난 여자 아기는 바로 그들의 고손녀였다.

버니타는 처음에 갓난아기의 이름을 뭐라고 지어야 할지 몰랐다. 아기가 태어난 지 일주일 후에 버니타의 언니 이다는 새로운 가족이 된 아기의 이름을 성경에 나오는 인물의 이름을

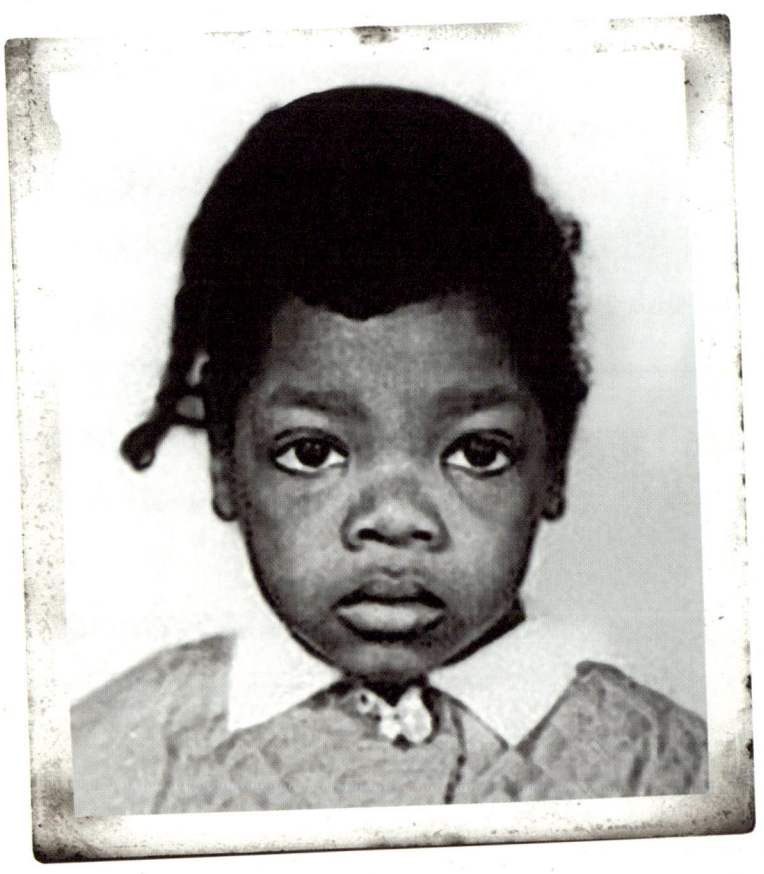

오프라(사진)는 할머니의 사랑을 받으며 자랐다.

따서 '올파'라고 짓자고 했다. 그러나 출생 신고서에 철자를 잘못 적는 바람에 그 이름은 '오프라'가 되었고, 그때부터 아기는 오프라로 불렸다.

　　1950년대, 남부의 작은 마을에 사는 많은 흑인들은 대공황 (1929년에 시작된 사상 최대의 공황)의 영향으로 여전히 가난하고 힘들게 살아가고 있었다. 1930년대와 1940년대 초반에 미국에 불어닥친 대공황이라는 경제 위기의 여파로, 많은 사람들이 직장과 집을 잃은 채 살아가고 있었다. 가난에 지친 많은 남부의 흑인들은 일거리를 찾아 북부로 삶의 터전을 옮겼다. 디트로이트, 클리블랜드, 밀워키, 뉴욕과 같은 도시에서는 취직할 기회가 더 많았다.

　　오프라가 네 살이 되었을 때 그녀의 어머니는 오프라를 떼어 놓고, 위스콘신 주의 밀워키로 떠났다. 버니타는 밀워키에서 가정부 자리를 찾아 경제적으로 좀더 나은 생활을 할 수 있기를 바랐다. 일단 도시에서 일자리를 구하면 딸을 데려갈 계획이었다.

　　오프라는 할머니의 사랑 안에서 할머니를 '마마'라 부르며 자랐다. 할머니는 매우 엄격했지만, 오프라를 극진히 보살펴 주었다.

'난 할머니처럼 살진 않을 거야'

해티 메이 할머니는 마을 변두리에 살았는데 그 주위에는 또래 아이들이 전혀 없었다. 오프라는 같이 놀 친구가 있었으면 했다. 그녀는 아이들과 사귀는 대신 농장의 동물들과 친구가 되어, 닭과 돼지들에게 이름을 지어 주고 이야기를 해 주며 놀았다.

어릴 때부터 오프라는 농장에서 여러 가지 일을 했다. 할머니는 깨끗이 빤 빨래를 빨랫줄에 너는 방법을 오프라에게 가르쳤다. 그리고 잿물로 비누를 만드는 방법도 가르쳤다. 잿물은 흰색 가루의 화학물질이었는데 냄새가 지독했다.

"내가 하는 걸 잘 봐라. 너도 이걸 어떻게 하는지 배워야 하니까." 할머니는 말했다. 그러나 오프라는 자신의 미래에 대해 다른 계획을 세우고 있었다. "할머니가 하시는 걸 볼 필요는 없어. 난 이렇게 살지 않을 테니까."

할머니 집에는 수도 시설이 되어 있지 않았다. 그래서 오프라는 집에서 조금 떨어진 곳에 있는 우물에서 매일 물을 길어 와야 했다. 오프라와 할머니는 그 물로 음식을 만들고, 또 설거

지와 목욕을 했다. 매주 토요일 밤이면 오프라는 욕조에 들어가 화로에 데운 물로 목욕을 했다. 그리고 다음날이면 할머니와 함께 교회에 갔다.

할머니는 오프라에게 장난감을 사 줄 만한 여유가 없었다. 대신에 할머니는 옥수수 대로 인형을 만들어 주었다. 보잘 것 없었지만 오프라는 예쁜 인형이라고 생각했다.

할머니는 오프라가 성경을 읽으면서 자라기를 바랐다. 그래서 그녀가 겨우 세 살이었을 때 글 읽는 법을 가르쳤다. 그리고 성경과 신앙 서적에 나오는 구절들을 외우게 했다. 어린 오프라의 암기력은 놀라웠다. 그녀는 성경 구절들을 금세 외웠고, 할머니는 그런 손녀를 다른 사람들에게 보여 주면서 자랑스러워했다. 할머니는 부활절 주일 예배에서 오프라가 사람들 앞에서 암송할 수 있도록 자리를 마련했다.

"우리 어린 윈프리 양이 성경을 낭송하겠습니다." 코지어스코 침례교회 목사가 큰 소리로 알렸다. 오프라는 자리에서

◀ 어린 오프라는 미시시피 주의 작은 농장에서 동물들에게 이야기를 해 주며 놀았다. 사진은 1950년대 미국의 한 농장 풍경.

일어났다. 많은 사람들 앞에 서는 생애 첫 무대였다. 그녀는 미소를 지으며 어린 소녀 특유의 높고 카랑카랑한 목소리로 자신 있게 암송을 시작했다.

"부활절에 예수님이 부활하셨네, 할렐루야, 할렐루야 ……천사들이 모두 찬양했습니다."

할머니는 앞줄에 앉아서 자랑스러운 미소를 지었다. 주위에 앉아 있던 한 여자가 할머니에게 몸을 숙이고 속삭였다. "해티 메이, 저 아이는 대단한 재능을 가졌어요."

교회 사람들이 오프라의 재능을 칭찬하자 할머니는 고개를 끄덕거렸다. 어린 아이가 그렇게 감명 깊게 낭송할 수 있다는 사실에 예배에 참석한 사람들은 모두 놀라워했다.

할머니 집에 손님이 올 때도 오프라는 가끔씩 성경을 암송했다. "할머니 친구 분들 앞에 서서 암기한 구절들을 낭송하곤 했어요. 그리고 어디를 가든지 '내가 암송하는 걸 들어 볼래?' 하고 말하고 다녔죠." 오프라는 말한다.

성경 구절을 암송하는 것을 빼고 오프라는 보통 때 사람들 앞에서 말을 하지 않도록 교육 받았다. 할머니는 그 세대의 많은 사람들이 그렇듯, 아이들은 눈에는 보여야 하지만 말소리는 들리지 않아야 한다고 생각했다. 아이들은 어른이 말을 시키는 경우가 아니면 조용히 입을 다물고 있어야 했다.

또한 오프라의 할머니는 '매를 아끼면 아이를 망친다' 라는 성경 구절을 굳게 믿었다. 체벌을 받지 않은 아이들은 자라서 버릇없고 예의도 모르는 사람이 된다고 생각한 것이다. 명랑하고 활기 넘치는 오프라는 아주 엄한 벌을 받으며 자랐다.

할머니가 "가서 회초리를 가져오너라." 하고 말할 때마다 오프라는 심장이 철렁했다. 그 말은 오프라가 뭔가 잘못을 했기 때문에 매를 맞아야 한다는 뜻이었다. 그녀는 자신의 손으로 나뭇가지를 잘라 할머니에게 갖다 드려야 했다.

백인 아이들은 매를 맞지 않는다는 것을 알게 된 오프라는 그 아이들은 이상적인 삶을 살고 있을 거라고 생각했다. 오프라는 할머니와 극장에 갔을 때 보았던 행복하고 근사해 보이는 영화배우들을 부러워했다. 특히 반짝이는 금발의 곱슬머리에 들창코를 한 아역 스타 셜리 템플을 좋아했다. 그리고 그녀와 똑같이 되고 싶어 했다.

"밤마다 콧속에 솜을 넣은 다음 빨래집게로 코를 집어 놓고 잤어요. 숨도 못 쉬면서, 그래도 코끝을 위로 들리게 하려고 아침마다 코에 빨래집게 자국을 달고 일어났었죠." 오프라는 회상한다.

학교에 가다

1959년 가을, 오프라는 미시시피 주의 버펄로라는 도시에 있는 유치원에 들어갔다. 같은 반의 다른 아이들과는 달리 오프라는 읽고 쓰는 법을 이미 알고 있었다. 그래서 오프라는 유치원에서 하는 단순한 놀이와 기초적인 수업에 금세 지루해 했다.

어느 날 수업이 시작되고 얼마 되지 않았을 때, 오프라는 담임인 뉴 선생님에게 짧은 편지를 써서 건넸다. 선생님은 편지에 적힌 글자들을 조심스럽게 읽어 나갔다. "뉴 선생님께. 저는 이곳에 어울리지 않는 것 같아요."

선생님은 오프라가 벌써 글을 쓸 줄 안다는 사실에 놀라 망설임 없이 그녀를 1학년 반으로 옮겨 주었다.

곧이어 오프라는 사는 곳도 옮겨야 했다. 할머니가 병이 들어 더 이상 오프라와 살 수 없기 때문이었다. 할머니는 오프라를 어머니가 있는 밀워키로 보냈다. 이렇게 오프라는 미시시피와 할머니를 영원히 떠났다.

1950년대의 인종 문제

오프라가 어렸을 무렵 미국에서는 인종 차별이 널리 퍼져 있었는데, 남부에서는 특히 더 심했다. 수십 년 동안 미국의 많은 공립학교는 인종에 따라 학교가 분리되어 있어, 흑인 아이들은 흑인 학교를, 백인 아이들은 백인 학교를 다녔다. 오프라가 태어난 1954년, 미국 대법원은 공립학교에서 인종 차별을 없애는 결정을 내렸다.

그러나 남부의 다른 공공장소에서는 여전히 인종 차별이 행해지고 있었다. 흑인들은 백인 전용 식수대나 화장실, 그 밖의 여러 시설들을 사용하지 못했다. 인종을 차별하는 호텔, 교회, 기차역과 버스 정류장, 극장, 식당들이 흔했다. 버스에서 흑인 승객들은 뒤에 있는 자리에, 백인과는 따로 앉아야 했으며, 백인이 원하면 자리를 내주어야 했다.

1955년 12월, 앨라배마 주 몽고메리에서 마흔두 살의 흑인 여성 봉재사인 로사 파크스가 버스에서 그녀의 자리에 앉으려는 백인 남자에게 자리를 내주지 않는 일이 일어났다. 그녀의 용감한 행동에 자극을 받은 다른 흑인들은 그녀의 체포와 버스 분리법에 항의했다. 침례교회 목사였던 마틴 루터 킹과 다른 민권 운동가들은 382일 동안 흑인들이 몽고메리의 버스를 보이콧(어떤 일을 공동으로 받아들이지 않고 물리치는 일)하는 운동을 펴 나갔다.

킹 목사는 운동의 취지에 대해 이렇게 말했다. "우리에게는 항의하

앞에서 두 번째 좌석 오른쪽에 앉은 이가 로사 파크스.

는 것 외에 다른 방법이 없습니다. 오랜 세월 동안 우리는 놀라운 인내심을 보여 주었습니다. …… 그러니 오늘 밤, 우리는 자유와 정의가 아닌 것들을 참는 그 인내심에서 벗어나려고 이곳에 모였습니다."

1956년, 로사 파크스와 킹 목사 그리고 몽고메리의 버스를 보이콧한 흑인 시민들의 노력 덕분에 버스 회사는 버스 시설의 인종 차별을 폐지했고, 항의자들은 다른 지역에 있는 차별 시설들을 감시하며 그 시설들을 보이콧하기 시작했다. 민권 운동이 본격적으로 진행된 것이다.

Oprah Winfrey

02 나의 집은 어디인가?

"제 도서관 카드를 갖게 되다니 정식 시민이 된 것 같은 기분이었어요. 진짜 미국 국민이 된 것 같은 느낌이었죠."

오프라의 어머니는 오프라의 손에서 책을 낚아챘다. 여섯 살의 오프라는 맥박이 뛰고 얼굴이 달아올랐다.

"네가 책벌레니? 네가 다른 애들보다 잘났다고 생각하는 거야? 밖으로 나가!" 어머니가 소리쳤다.

◀ 오프라는 어린 시절부터 유난히 책을 좋아했다. 사진은 자신의 토크쇼에서 책을 소개하고 있는 오프라 윈프리.

오프라는 눈물을 참으며 할 수 없이 밖으로 나갔다. 책을 좋아하는 게 뭐가 잘못인지 알 수 없었다.

오프라의 어머니인 버니타 리는 교육을 거의 받지 못하고 자랐기 때문에 책의 아름다움과 힘을 이해하지 못했다. 그녀는 딸에게 책을 읽지 못하게 할 뿐만 아니라 오프라가 가장 가고 싶어 하는 공공 도서관에도 데려가 주지 않았다.

오프라는 밀워키의 새 집을 좋아하지 않았다. 밀워키는 사람들로 북적거리는 시끄러운 산업 도시였다. 코지어스코의 농장에서 살던 것과는 모든 것이 너무 다르고 낯설었다. 오프라는 할머니와 선생님, 학교 친구들과 교회 사람들이 보고 싶었다.

버니타는 밀워키 9번가에 있는 하숙집의 한 칸짜리 방에서 살았다. 가정부로 일하며 백인들의 집을 청소했지만, 그녀의 수입은 매우 적었다. 그녀에게는 먹여 살려야 할 아이가 두 명이나 있었다. 최근에 두 번째 아이인 패트리샤를 낳았기 때문이었다. 오프라에게 성이 다른 여동생이 생긴 것이었다.

버니타는 오랜 시간을 힘들게 일했음에도 불구하고 돈이

없을 때는 때때로 사회복지기금(미국 정부가 저소득 가정에 제공하는 기금)에 의존해야 했다. 그녀는 오프라와 새로 태어난 아기를 돌볼 시간이 거의 없었다. 때로 집에 머물 수 있는 시간이 생기면 오프라는 무시하고 아기에게만 애정을 쏟아 부었다. "패트리샤는 피부색이 밝았기 때문에 사랑받았어요. 여동생과 어머니는 안에서 자고 전 쫓겨나서 현관에서 잤지요." 오프라는 후에 이렇게 말했다.

다시 집을 옮겨서

직장 일과 두 아이를 키우는 데 힘겨워하던 오프라의 어머니는 하숙집 옆방 사람이나 근처에 사는 사촌에게 오프라와 패트리샤를 자주 맡겼다.

어머니와 함께 산 지 1년이 조금 지나자, 어머니는 오프라를 한동안 테네시 주 내슈빌에 있는 오프라의 아버지 집에 맡기기로 결정했다.

오프라는 아버지 버논 윈프리를 잘 알지 못했다. 아주 어렸을 때 이후로는 아버지를 본 적이 없기 때문이었다. 그리고 테네시에 가 본 적도 없었다. 오프라는 거기에서 어떤 일이 생길지 알 수 없었다.

1950년대 중반, 미 육군에서 군 복무를 마친 버논 윈프리는 컨트리 뮤직 산업의 고향으로 알려진 대도시 내슈빌에 정착했다.

버논과 새어머니 젤마는 일곱 살 난 오프라가 그들의 가족이 되는 것을 기뻐했다. 그들은 아이들을 좋아했지만 아이를 가질 수 없었다. 오프라는 자신이 아버지의 집에서 환영받고 있음을 금방 느낄 수 있었다. 그리고 생전 처음으로 자신의 방과 침대를 갖는다는 사실에 감격했다.

오프라는 그 나이 또래의 다른 아이들보다 앞서 있었기 때문에 내슈빌에 있는 워튼 초등학교에서도 한 학년을 앞서 나갔다. 아버지와 새어머니는 오프라가 3학년에 들어가기를 바랐다. 그래서 그녀가 구구단을 배우고 철자법과 단어 실력을 더 쌓을 수 있도록 도와 주며 많은 시간을 함께 보냈다.

버논과 젤마는 엄격한 부모였다. 그들은 아이들의 생활에는 체계가 필요하다고 생각했다. 그리고 그들 자신은 비록 교육을 많이 받지 못했지만 학교 공부와 독서의 중요성을 잘 알고 있었다.

책 읽는 아이, 말 잘하는 아이

아버지와 새어머니는 오프라가 내슈빌에 온 지 얼마 되지 않아 오프라를 도서관에 데려갔다. 감격스럽게도 그들은 오프라에게 도서관 카드를 만들라고 말했다. "제 도서관 카드를 갖게 되다니 정식 시민이 된 것 같은 기분이었어요. 진짜 미국 국민이 된 것 같은 느낌이었죠." 오프라는 그때의 기억을 이렇게 말한다.

오프라는 공상에 잠기기를 좋아해서, 때때로 자신이 책 속의 인물이 되는 상상을 하곤 했다. "3학년 때 케이티 존이라는 소녀에 대한 책을 읽은 적이 있었어요. 케이티 존은 남자 아이들을 싫어하고 주근깨가 있는 아이였어요. 그런데 생각해 보세요, 무슨 수를 써도 저한테 있지도 않은 주근깨가 생길 리 없잖아요? 그래서 주근깨를 얼굴에 그리고 다녔어요. 그렇게 '케이티 존 시기'를 보냈죠." 오프라는 말한다.

아버지와 새어머니는 오프라를 도서관에 데려가 오프라의 도서관 카드를 만들어 주었다. 사진은 1950년대 말 미국의 한 도서관.

버논과 젤마는 오프라에게 학교 숙제를 다 끝내는 것 외에, 도서관에서 빌려온 책을 읽고 독후감도 쓰도록 했다. 오프라는 그 일이 싫지 않았다. 그녀는 책을 읽고 공부하는 것을 좋아했다. 그리고 아버지와 새어머니가 자신에게 그렇게 많은 관심을 기울여 준다는 사실이 기뻤다.

버논과 젤마는 내슈빌에 있는 침례교회의 독실한 신자였다. 그들은 오프라가 성경 구절과 이야기를 얼마나 잘 암송하는지를 알고는 기뻐했다. 오프라는 코지어스코에서처럼 교회에서 낭송을 했다.

한번은 윌리엄 어니스트 헨리의 〈인빅투스〉(라틴어로 '정복 불능'이라는 뜻)라는 시를 암송했다. "그 시를 암송했을 때는 그게 무슨 뜻인지도 몰랐어요. 하지만 시의 내용에 맞춰 함께 동작을 했죠. 그러면 사람들은 '와, 저 아이는 내용을 정말 잘 전달하는구나.' 하고 말했죠." 오프라는 회상한다.

오프라는 1871년에서 1938년까지 살았던 작가 제임스 웰든 존슨의 설교를 아주 좋아했다. 존슨은 신문 편집자이자 변호사 그리고 '전미 유색인 지위 향상 협회'의 외근 직원이었다. 전미 유색인 지위 향상 협회는 미국 최초의 민권 단체였다. 존슨의 설교와 시는 성경 내용을 바탕으로 한 것들이었다. 오프

오프라는 민권 운동가이자 작가이기도 한 제임스 웰든 존슨(사진)의 설교를 아주 좋아했다.

라는 그의 시 〈천지 창조〉를 교회에서 낭송했다. "하나님이 공간에서 걸어 나오시며/주위를 둘러보며 말씀하셨다/나는 외롭다/세상을 만들리라……."

버논과 젤마는 오프라를 데리고 내슈빌 전 지역의 교회를 다니며 낭송을 하도록 했다. 그녀는 낭송을 아주 잘하는 '소녀 낭송가'로 알려지게 되었다. 내슈빌에서 재능을 꽃피운 오프라는 오랜만에 진정한 행복을 느꼈다.

Oprah Winfrey

03 사랑과 관심을 보여 주세요

"전 여덟 살 때부터 말하기 챔피언이었어요. 여자들의 모임, 연회, 교회 행사, 어디에서나 이야기를 했죠."

1962년, 한 학년을 마친 오프라는 여름 방학 동안 어머니를 방문하려고 밀워키로 돌아갔다. 어머니를 다시 만난 오프라는 지난 1년 동안 너무나 많은 것이 변해 있음을 보고 놀랐다.

버니타는 패트리샤를 데리고 방 두 개짜리 아파트로 이사

◀ 〈난 루시를 사랑해〉(사진)라는 TV 프로를 즐겨보며 오프라는 언젠가는 배우가 되고 싶다고 생각했다.

를 가 있었고, 제프리라고 하는 사내 아기도 태어나 있었다. 밀워키에서 오프라는 성이 다른 남동생, 여동생과 같은 방을 썼다. 그리고 책을 읽고 어린 패트리샤와 제프리를 돌보며 그 여름을 보냈다. 어머니는 오랜 시간 일했기 때문에 자주 볼 수 없었다. 게다가 어머니는 집으로 돌아오면 동생들을 돌보며 대부분의 시간을 보냈다.

가을이 다가오자 버논은 오프라를 내슈빌로 데려가려고 밀워키를 방문했다. 그러나 오프라는 밀워키에 남고 싶다고 말했다. 아버지와 새어머니, 그리고 내슈빌의 집이 그리웠지만 그녀는 친어머니를 기쁘게 해 주고 싶었다. 실망한 버논은 혼자 내슈빌로 돌아갔다.

오프라는 학교 공부를 하느라 바쁘게 지냈다. 4학년 공부가 재미있었고, 특히 담임인 메리 던컨 선생님을 존경했다. 던컨 선생님은 오프라를 특별한 아이로 대해 주었다. 오프라가 친어머니에게서 받지 못한 관심을 보여 주며 오프라를 이끌어 주었던 것이다.

오프라가 어렸을 때는 대부분의 공립학교에 '신앙' 시간이 따로 마련되어 있었다. 그 시간은 성경을 읽고, 신앙 교육을 받고, 기도를 하는 시간이었다. 오프라가 낭송을 아주 잘했기 때문에 던컨 선생님은 자주 그녀에게 신앙 시간을 이끌어 달라고 부탁했다. 오프라의 반 친구들 몇몇은 똑똑하고 암송을 잘하는 그녀를 좋아하지 않았다. 그래서 오프라에게 '설교하는 여자'라는 별명을 붙였다.

오프라는 매주 일요일에 교회에서 목사님이 한 설교를 기억했다가, 다음 주 학교 신앙 시간에 반 친구들이 과자와 우유를 먹는 동안 그 설교의 기억나는 부분들을 이것저것 암송했다.

"그렇지, 그렇지, 아주 잘했어요, 우리 오프라 게일 양." 던컨 선생님은 그렇게 말했다.

외로운 소녀

하지만 집에서는 그 정도의 관심을 받지 못했다. 오프라는 외로움을 달래려고 종종 텔레비전을 시청했다. 텔레비전은 1960년대 초만 하더라도 새로운 물건이었다. 1951년 처음으로 미국 전역에 텔레비전 프로그램이 방송되었지만, 대부분의 미국 가정에서는 1950년대 후반이나 1960년대 초반이 되어서야 텔레비전을 가질 수 있었다.

오프라가 좋아하는 프로그램은 행복한 가족을 그린 것들이었다. 그중에서도 〈비버한테 맡겨요〉라는 코미디를 가장 좋아했는데, 그 프로는 영리한 비버라고 불리는 소년과 그의 가족에 대한 이야기였다. 코미디언 루실 볼의 물불가리지 않는 모험을 다룬 〈난 루시를 사랑해〉라는 인기 만점의 프로그램도 좋아했다. 오프라는 언젠가는 배우가 되고 싶다고 생각했다. 텔레비전과 영화에 나오는 배우들 같은 유명한 스타가 되고 싶었다.

그 무렵에도 오프라는 교회에서 설교와 이야기 암송을 계속했다. 그녀는 들어 주는 사람만 있다면 말하는 것이 좋았다. "전 여덟 살 때부터 말하기 챔피언이었어요. 여자들의 모임, 연회, 교회 행사 등 어디에서나 이야기를 했죠. 말하자면 순회공연을 한 거였어요." 그녀는 말했다.

오프라는 사람들 앞에서 이야기할 때 받게 되는 관심과 칭찬이 좋았다. 그러나 개인적으로는 어머니의 사랑과 애정에 굶주린 외로운 아이였다. 불행하게도 버니타는 너무 바빠서 오프라가 원하는 관심과 사랑을 주지 못했다.

버니타는 자주 오프라와 동생들을 아이를 돌보는 사람에게 맡겼다. 오프라가 아홉 살이던 어느 날 저녁, 어머니는 외출하면서 열아홉 살짜리 사촌 오빠에게 아이들을 맡겼다. 그날 밤 오프라의 사촌 오빠는 그녀를 강간했다. 오프라가 몸을 마구 떨면서 울자, 사촌 오빠는 그녀를 데리고 나가 아이스크림을 사 주며 아무에게도 그가 한 짓을 말하지 말라고 했다.

그 일이 있은 지 2년 후, 오프라는 친한 이웃에게, 그리고 나중에는 삼촌에게 또다시 성폭행을 당했다. 몇 년 동안 오프라는 계속되는 성폭행을 견뎌야 했다. "끝나지 않고 계속됐죠. 그렇게 계속되니까 '인생이란 이런 건가 보다.' 하는 생각이 들더군요." 나중에 그녀는 그렇게 말했다.

오프라는 계속되는 학대에 자신을 비난하기 시작했다. 그녀는 가슴 속에 거대하고 어두운 비밀을 품고 다니며 끝없는 공포와 걱정 속에서 살았다. "배가 아플 때마다 임신한 거라고 생각했어요."

오프라가 어렸을 때 사람들은 아동 성 학대라는 개념을 거의 인식하지 못했다. 터놓고 논의되지도 않았고, 어린이들을 보호하기 위한 법도 존재하지 않았다. 오프라는 진실을 말하더라도 아무도 믿지 않거나 그런 일을 겪은 자신이 비난받을 것이라고 생각했다. 그래서 자신이 할 수 있는 일이 아무것도 없다고 생각하고 침묵을 지켰다. 그리고 그 일을 생각하지 않으려고 애쓰며, 학교 공부와 교회에서 하는 암송, 또 독서에 정신을 집중했다.

오프라는 책 속의 다른 세상에 빠져 잠시나마 자신의 문제를 잊을 수 있었다. 십대 초반에 그녀가 제일 좋아했던 책은 베티 스미스가 쓴 《나를 있게 한 모든 것들》(원래 제목은 《브루클린에서 자라는 한 그루 나무》)이었다. 그 책은 1900년대 초기에 뉴욕의 브루클린에서 자라는 프랜시 놀란이라는, 외로워도 가슴에 희망을 품고 사는 소녀에 대한 이야기였다.

오프라는 동생들과 함께 쓰는 작은 방에서 밤새도록 그 책을 읽었다. "우리 아파트 앞에 나무가 있었어요. 그래서 그 나무가 책 제목에 나오는 것과 같은 나무라고 상상하곤 했죠. 제 인생이 프랜시 놀란의 인생과 비슷한 것 같았어요." 오프라는

오프라는 베티 스미스(사진)가 쓴 《나를 있게 한 모든 것들》이란 책을 제일 좋아했다.

이렇게 회상한다.

    집에서 겪는 외로움과 마음속 고통에 상관없이 오프라는 학교에서 공부를 잘했다. 그러나 친구가 거의 없었으며, 사람들과 있을 때는 항상 움츠러들었다.

위를 향하여

7학년이 되어 오프라는 밀워키 시내에 있는 링컨 중학교에 다니게 되었다. 그 학교의 진 아브람스 선생님은 오프라가 학교 식당에서 매일 책을 읽는 것을 지켜보았다. 오프라는 많은 학생들 중에서 두드러졌다. 난폭하거나 시끄럽지도 않았고 다른 소녀들처럼 수다쟁이 친구들에 둘러싸여 있지도 않았다. 대신 그녀는 항상 책을 읽고, 조용했으며, 공부하는 것을 좋아했다.

아브람스 선생님은 그녀가 밀워키 교외의 글렌데일에 있는, 백인들만 다니는 니콜렛 고등학교로 전학을 갈 수 있도록 해 주었다. 거기에서 오프라는 불우하지만 학업 성적이 뛰어난 학생들에게 더 나은 교육을 제공하기 위해 마련된 '위를 향하여' 라는 프로그램에 참가할 수 있었다.

학교를 옮기게 된 오프라는 신이 나면서도 한편으로는 불안했다. 매일 매일이 변화의 연속이었다. 교외에 있는 학교에 가기 위해 버스를 세 번씩 갈아타야 했고, 그녀는 학교에서 유일한 흑인이었다.

남부 억양이 있었기 때문에 다른 아이들과 말하는 것도 달랐다. 그곳 대부분의 학생들은 오프라에게 친절해서 친구도 빨리 사귈 수 있었다. 그러나 오프라는 사람들이 자신을 좋아하는 것이 그녀의 사람됨 때문인지 아니면 자신이 흑인이어서인지 확신할 수 없었다. "1968년에는 흑인을 사귀는 것이 유행이었어요. 그래서 전 아주 인기가 많았어요." 오프라는 이렇게 회상했다.

매일 집으로 돌아오면 그녀는 자신의 인생과 혜택 받고 사는 백인 친구들의 인생이 얼마나 다른지 그 차이를 너무나 분명히 느낄 수 있었다. 자신의 가난을 실감하면서 학교 아이들처럼 큰 집과 좋은 옷을 가졌으면 하고 바랐다.

그녀는 친구들을 좋아했지만 그들에게 적응하지 못했다. 니콜렛 고등학교 학생들은 흑인에 대해 거의 알지 못했다. 그리고 그것은 겉으로 드러났다. "아이들은 나를 자기 집으로 데려가서 가수 펄 베일리(유명한 흑인 여가수이자 뮤지컬 배우, 1918~1990)의 음악 앨범을 꺼내 오기도 하고, 부엌에서 흑인 가정부를 데려와서는 나에게 '너 마벨 아니?' 하고 물었죠."

리타라는 친구는 그녀에게 유명한 흑인 가수인 새미 데이

비스 주니어를 아느냐고 물었다. "흑인들은 모두 서로 안다고 생각했던 거죠. 정말 이해하기 힘들었어요." 하고 오프라는 말한다.

문제의 십대 시절

오프라는 여전히 어머니에게 더 많은 애정을 받고 싶었다. 그러나 어머니는 패트리샤와 제프리만 편애하는 것 같았다. 게다가 그녀는 계속되는 성적 학대로 고통 받고 있었다. 하지만 자신이 겪은 일과 감정에 대해 이야기할 사람이 아무도 없었고 그것이 문제를 더욱 악화시켰다. 오프라의 비참한 마음 상태는 행동에 그대로 나타나게 되었다. 그녀는 억압된 감정을 거친 행동으로 표현하기 시작했다.

1968년, 열네 살이 된 오프라는 눈이 나빠져서 책을 읽는 것이 힘들었다. 어머니는 그녀를 안과에 데려갔다. 의사는 오프라가 이중 초점 안경을 써야 한다고 말했다. 1960년대 말의 이중 초점 안경은 각각 다른 두 개의 렌즈로 만들어져 겉으로 쉽게 표가 났다. 두꺼운 렌즈만으로도 감당키 어려웠는데 어머니는 가격이 가장 싸다는 이유로 유행에 뒤떨어진 '잠자리' 테를 골랐다.

"그런 안경을 쓰는 것에 너무 마음이 상해서 어머니한테 그랬죠. '엄마, 다시 생각해 봐요. 이걸 쓰면 난 너무 끔찍해 보일 거예요.'"

오프라는 멋지고 보기 좋은 안경을 쓰고 싶었지만, 어머니는 더 좋은 테를 살 형편이 되지 않는다고 했다. 그렇지만 오프라는 포기하고 싶지 않았다.

하루는 어머니가 일하러 나가기를 기다렸다가 새 안경을 발로 밟아 산산조각을 내버렸다. 그리고 거실을 범행 현장처럼 보이게 하려고 램프를 바닥에 내동댕이치고 커튼을 뜯어냈다. 그리고는 경찰서에 전화해서 "집에 강도가 들었어요, 강도를 맞았다고요!"라고 소리쳤다.

경찰이 아파트에 도착했을 때 오프라는 바닥에 쓰러져 있었다. 마치 누가 머리를 쳐서 기절시킨 것처럼 오프라는 의식이 없는 척했다. 경찰관은 오프라가 일부러 강도 사건을 꾸민 것이 아닐까 의심했다.

십대 때의 오프라.

　　오프라의 '의식이 돌아오자' 경찰관은 그녀를 병원에 데려갔다. 병원 직원들이 오프라의 어머니에게 전화를 걸었고 어머니는 놀라 병원으로 달려왔다. 어머니도 오프라가 연기를 하는 것이 아닐까 의심했지만 확신할 수 없었다.

　　결국 오프라의 거창한 계획은 성공했고, 어머니는 오프라에게 새 안경을 사 주었다.

오프라의 행동은 점점 더 극단적으로 변해 갔다. 학교를 빼먹고, 여러 남자 아이들과 데이트를 하고, 어머니의 지갑에서 돈을 훔치고, 여러 번 가출을 했다.

한번은 가출을 해서 밀워키 시내로 갔다. 거기에서 오프라는 커다란 리무진이 화려한 호텔 앞에 서는 것을 보았다. 그리고 유명한 가수인 아레사 프랭클린이 리무진에서 내리는 것을 보았다. 오프라는 재빨리 한 가지 꾀를 생각해 냈다. 그리고 대담하게도 아레사에게 달려가 꾸며낸 이야기를 거침없이 해 댔다. 부모님이 그녀를 쫓아내서, 오하이오에 있는 친척 집에 갈 버스표를 사야 한다고 말이다. 전해지는 바에 의하면, 아레사는 오프라를 가엾게 여겨 그녀에게 빳빳한 100달러(약 10만 원)짜리 지폐를 주었다고 한다. 오프라는 기쁘게 그 돈을 받아 며칠 동안 호텔에서 묵었다. 호텔 방에서 그녀는 텔레비전을 보고 방에서 식사를 주문해서 먹으며 마음껏 즐겼다.

오프라의 어머니는 몇 년 전만 하더라도 예쁘고 조용하던 딸에게 무슨 일이 생긴 것인지 이해할 수 없었다. 뭔가 잘못되

'레이디 소울'이라 불리는 가수 아레사 프랭클린. 아직도 많은 사람들에게 사랑받고 있다.

었다는 것을 알 수 있었지만, 딸을 돕기 위해 무엇을 해야 하는지 알지 못했다. 결국 어머니는 더 이상 참지 못하고 오프라를 다른 곳에 보내기로 결정했다. 그곳은 문제가 있는 십대들을 위한 쉼터 같은 곳이었다. 그러나 그곳에 빈자리가 없었기 때문에 어머니는 오프라를 내슈빌에 있는 아버지 집으로 돌려보내기로 했다.

　오프라는 아버지가 자신을 받아 줄지 걱정이 되었다. 더구나 그녀가 숨기고 있는 비밀을 알게 된다면 받아들여 주지 않을지도 몰랐다. 그러나 결국 그녀는 내슈빌로 발걸음을 옮겼다.

Oprah Winfrey

04 진실을 알리고 싶어요

"그 책을 읽고 또 읽었어요. 그만큼이나 제 존재에 정당성을 부여해 주었던 책은 없었어요."

오프라의 아버지와 새어머니는 그녀를 다시 만나자 기뻐했다. 그들은 오프라를 무척 보고 싶어 했고 내슈빌의 안락한 집으로 돌아온 그녀를 환영했다.

그러나 버논과 젤마는 짧은 미니스커트를 입고 두껍게 화

◀ 오프라는 할리우드 명예의 거리에서, 언젠가는 자신의 별도 이곳에 자리를 잡을 거라고 아버지에게 말했다.

장을 한 오프라의 새 모습을 인정하지 않았고, 건방진 태도도 허락하지 않았다. 버논은 오프라의 어머니가 그녀를 제대로 가르치지 않고 보살피지도 못했다고 생각했다. 그리고 내슈빌에서 오프라를 '예전 모습'으로 되돌려 놓으려고 열심이었다. 처음 아버지 집으로 돌아와서 오프라는 아버지를 '부친'이라고 불렀다. 버논은 그 말에 재빨리 제동을 걸었다. 버논은 자신의 집에서 살고 싶으면 그의 규칙을 따라야 한다고 오프라에게 말했다. 그리고 자신을 '아버지' 혹은 '아빠'라고 부르고, 부친이라고는 부르지 못하게 했다.

 그런 규칙들이 있었지만 오프라는 아버지의 집으로 돌아온 것이 기뻤다. 어머니의 작은 아파트와 비교하면 버논과 젤마의 집은 대저택과 같았다. 부유하지는 않았지만 그들에게는 많은 음식과 오프라에게 옷을 사 줄 만큼 충분한 돈이 있었다. 그 무렵 버논은 자신의 이발소를 경영하고 있었다.

 당시 버논은 오프라가 밀워키에서 성폭력을 당했다는 사실을 모르고 있었다. 오프라는 아버지에게 다른 비밀도 숨기고 있었다. 임신했다는 사실이었다. 아버지에게 진실을 말하기가 두렵고 수치스러웠던 그녀는 헐렁한 옷을 입고 다니며 7개월이 될 때까지 자신의 임신 사실을 숨겼다. 그러나 그때쯤에는 배가 눈에 띄게 불러 왔기 때문에 아버지에게 말해야 한다고 생각했다. 사실을 말하던 날, 오프라는 아버지보다 더 상심했다. 극심한 스트레스에 시달린 나머지 진통이 빨리 찾아와, 오프라는 그날 아기를 낳았다. 너무 일찍 태어난 아기는 2주 만에 죽었다.

아기가 죽고 나자 오프라는 슬픔과 안도가 뒤섞인 감정을 느꼈다. 오프라는 불과 열네 살이었고, 부모로서 아기를 책임질 준비가 되어 있지 않았던 것이다. 오프라는 끝까지 아기의 아버지를 밝히지 않았다.

새로운 출발

1968년 가을, 오프라는 내슈빌의 이스트 고등학교에서 10학년을 시작했다. 학기가 시작되었을 때도 그녀는 여전히 아기를 잃은 일로 마음이 편치 못했다. 게다가 학교까지 옮겨, 모든 게 낯설었던 그녀는 거의 모든 과목에서 C를 받았다. 중간 이하의 성적이었다. 버논은 오프라가 더욱 열심히 하도록 격려했다.

"네가 C밖에 받지 못할 아이라면 그 정도밖에 기대를 하지 않겠다만, 넌 더 잘할 수 있잖니. 그러니 이 집에서 C는 더 이상 용납하지 않겠다." 그녀의 아버지가 말했다.

오프라는 아기를 잃은 사실을 교훈으로 받아들이려고 애썼다. 어떻게 보면 그녀는 인생에서 두 번째의 기회를 얻은 것이었다. 그녀는 자신의 점수와 인생을 제자리로 돌려놓기로 결심했다.

고등학교 시절 내내 오프라는 탐욕스러울 만큼 열심히 책을 읽었다. 그녀는 특히 장애를 극복하려는 용기를 보여 주는 여자들을 다룬 책을 좋아했다. 가족들이 나치를 피해 숨어 살던 동안 일기를 썼던 유대인 소녀 안네 프랑크의 이야기를 읽었고, 눈이 보이지 않고 귀가 멀었음에도 값진 삶을 살았던 헬렌 켈러 이야기를 읽었다. 또 1900년대 초 여성 참정권(투표할 권리) 운동이 있기 훨씬 이전에, 여성의 권리를 옹호하고 노예 제도의 폐지를 위해 싸웠던 소저너 트루스(진리를 전하고 다니는 사람이라는 뜻의 예명. 미국의 흑인 전도사)의 이야기를 읽고 그녀를 존경하게 됐다.

오프라는 열여섯 살 때 한 권의 책을 읽고 큰 감동을 받았다. 마야 안젤로우의 1970년 베스트셀러 《새장의 새가 왜 우는지 나는 알지요》였다. 이 책은 안젤로우가 자신의 일생을 바탕으로 쓴 책이었다. 주인공은 오프라처럼 남부에서 할머니의 손에서 자라다가 나중에 어머니와 함께 살고, 그 다음에는 또 아버지와 살게 된다. 그리고 어렸을 때 강간을 당하고, 책에서 위안을 찾는다는 내용이었다. "그 책을 읽고 또 읽었어요. 그 책만큼 제 존재에 정당성을 부여해 준 책은 없었어요." 오프라는 말한다.

버논과 젤마 윈프리 부부는 계속해서 오프라에게 공부뿐만 아니라 사람들 앞에서 말하는 것을 권했다. "오프라에게 커다란 잠재력이 있다는 사실을 알았지요. 우리는 그 아이가 연기와 말하는 데 재능이 있다는 걸 알고 있었습니다." 오프라의 아버지는 말했다.

"그 아이는 학교에서든 교회에서든 절대 뒷자리에 숨어 있는 아이가 아니었어요. 언제나 남의 이목을 끄는 걸 좋아했죠." 그는 말했다.

마야 안젤로우 – 자전적 소설 낸 작가이자 배우

　마야 안젤로우(사진)는 1928년 4월 4일, 미국 미주리 주 세인트루이스에서 마게리트 애니 존슨이라는 이름으로 태어났다. 그녀의 오빠 베일리는 그녀를 '마인(내 것)' 또는 '마이(나의)'라고 불렀는데, 그 애칭이 변해서 '마야'가 되었다. 그녀가 태어난 지 얼마 지나지 않아 마야의 가족은 캘리포니아 주 샌프란시스코로 이사를 했다. 그리고 그녀가 세 살 때 부모님은 이혼했다. 그로부터 4년 후 마야는 어머니의 남자 친구에게 강간을 당했다. 그 충격적인 경험으로 마야는 5년 동안 말하기를 거부했다.

마야는 열여섯 살 때 샌프란시스코 전차의 첫 여자 차장이 되었다. 그리고 1945년 고등학교를 졸업할 무렵, 그녀는 클라이드라는 사내아이를 낳았다. 마야는 그 아이를 '가이'라는 애칭으로 불렀다. 그녀는 요리사, 웨이트리스로 일을 했고, 스물두 살 때 토시 안젤로스와 결혼했다. 3년이 채 지나지 않아 그녀는 남편을 떠나 무용을 공부하기 위해 뉴욕으로 이사했다.

1950년대와 1960년대에 마야는 무용수이자 배우로 일했다. 그리고 1970년에는 마야 안젤로우(남편의 성인 안젤로스를 개조한 이름)라는 이름으로 자전적 소설 《새장의 새가 왜 우는지 나는 알지요》를 펴냈다.

1971년 출판된 그녀의 첫 시집 〈내가 죽기 전에 시원한 물 한잔 주오〉는 퓰리처상 후보에 올랐다. 1986년까지 마야는 《노래하고 춤추기》, 《크리스마스처럼 행복해지기》(1976), 그리고 《모든 신의 아이들에게는 여행 신발이 필요하다네》(1986)를 포함한 자전적 소설 네 권을 더 출간했다.

안젤로우는 희곡, 영화 시나리오, TV 대본, 많은 소설과 시집, 그리고 연기로 셀 수 없이 많은 상을 받았고, 현재는 대학에서 강의를 하고 있다.

때때로 오프라는 아버지, 새어머니와 함께 다니던 믿음 선교 침례교회에서 성경을 낭송했다. 그리고 다른 지역 교회와 클럽에서도 연설을 했다.

오프라는 1970년 엘크스 클럽이 후원한 말하기 대회에서 우승하면서 재능을 크게 인정받았다. 게다가 상으로 4년간 대학 장학금까지 받고는 기뻐서 어쩔 줄 몰랐다. 오프라는 졸업반이 되면 다음 해에 어떤 대학에 갈지 찾아볼 생각이었다.

위풍당당 '그랜드 올' 오프라

오프라는 학교에서 성적이 좋았을 뿐만 아니라 인기도 많았다. 1971년 고등학교 졸업반이 되자, 그녀는 열일곱 번째 생일을 자축하기 위해 큰 파티를 열었다. 그녀는 학교 체육관을 빌려 학교의 모든 사람들을 초대했다.

그해에 오프라는 학생회 부회장에도 출마했다. 그녀의 구호는 '그랜드 올(위풍당당이라는 뜻) 오프라에 투표하세요'였다. 이 구호는 컨트리 뮤직 특별 공연을 올리는 내슈빌의 유명한 대강당 '그랜드 올 오프리'를 흉내내어 재미있게 표현한 말이었다. 오프라는 선거에서 이기고 부회장이 되었다.

그해 후반기에 오프라는 다른 학생과 함께 우수한 성적과 리더십 능력으로 테네시 주를 대표해 백악관 청소년 회의에 참가했다. 회의는 콜로라도 주 에스테스 파크에서 개최되었고, 미국 전역에서 온 우수한 십대들이 대표 자격으로 참가했다. 오프라가 내슈빌로 돌아오자 지역 방송국 WVOL의 디스크자키 존 하이델베르그는 그녀와 인터뷰를 가졌다. 그녀는 회의에서 경험한 것들에 대해 그와 이야기를 나누었다.

몇 달 후 하이델베르그는 오프라에게 다시 전화를 했다. 그는 오프라에게 내슈빌의 십대 소녀 미인 선발 대회인 '미스 화재 예방 대회'에 방송국을 대표해서 나가고 싶은 생각이 있느냐고 물었다. 오프라는 선뜻 결정을 하지 못했다. 미인 선발 대회라니……. 그녀는 한 번도 자신을 미인이라고 생각해 본 적이 없었다. 그러나 어쨌든 참가하면 재미있겠다고 생각했다.

대회에서 오프라는 새 이브닝드레스를 입고 심사위원들 앞에서 행진을 했다. 하지만 자신이 '미스 화재 예방'이 될 가능성이 있다는 생각은 하지 않았다. 그 대회에서는 흑인이 미인으로 선발된 적이 없었기 때문이었다. 오프라의 경쟁자는 모두 '불' 같이 빨간 머리카락을 한 백인 소녀들이었다. 왕관을 쓸 가능성이 전혀 없다고 생각했기 때문에 오프라는 긴장하지도 않았고 자신만만했다.

대회에는 질문과 답변 순서가 있었다. 심사위원들이 각각의 참가자들에게 질문을 하면, 십대 소녀들은 사려 깊고 지적인 답변을 해야 했다. 첫 번째 질문은 "백만 달러가 생기면 무엇을 할 것인가?"였다.

한 참가자는 아버지에게 트럭을 사 드리겠다고 말했다. 또 다른 소녀는 자랑스럽게 오빠에게는 오토바이를 사 주고, 어머니에게는 새로 나온 냉장고를 사 드리겠다고 대답했다.

곧 오프라가 질문에 대답할 순서가 되었다. 그녀는 잠시 고민한 후 재미있는 대답을 해야겠다고 생각했다. "백만 달러가 생긴다면 전 그 돈을 미친 듯이 써 버릴 거예요. 어디에 쓸지는 잘 모르겠지만 어쨌든 쓰고 쓰고 또 쓸 거예요. 미친 듯이." 오프라는 대답했다.

심사위원들은 오프라의 익살스럽고 정직한 대답을 마음에 들어 했다. 그들은 두 번째 질문을 했다. "무엇이 되고 싶은가?"였다.

다른 소녀들은 모두 선생님이나 간호사가 되고 싶다고 말했다. 오프라는 무엇이 되고 싶은지 결정하지 못하고 있었지만, 뭔가 독특한 대답을 해야 한다고 생각했다. 그녀는 그날 아침 텔레비전의 투데이 쇼에서 본 바바라 월터스 기자를 떠올렸다.

"방송 기자가 되고 싶어요. 전 진실을 믿거든요. 진실을 세상에 알리는 일에 관심이 있어요." 오프라는 대답했다.

심사위원들은 오프라의 대답에 감명을 받았다. 그녀의 솔직한 성격은 우승감이었고, 총명함은 다른 참가자들보다 빛났다. 오프라는 1971년 내슈빌 '미스 화재 예방' 의 왕관을 쓰게 되었다.

"대단한 일이 아니란 건 알아요. 하지만 저한테는 특별한 일이었죠. 제가 그 얼토당토않은 왕관을 차지한 첫 번째 흑인이었단 말이에요." 오프라는 말한다.

바바라 월터스는 미국 주요 텔레비전 방송의 첫 여성 뉴스 앵커였다.

라디오 방송국 WVOL의 광고주들은 오프라를 자랑스러워했다. 그들은 그녀에게 손목시계와 디지털시계를 선물로 주었다. 게다가 녹음한 목소리가 어떤지 들어 보고 싶지 않느냐고 물어보았다. 오프라는 당연히 들어 보고 싶다고 대답했다.

지금까지의 낭송 경험 덕분에 오프라의 목소리는 거의 뉴스 앵커처럼 들렸다. "제가 얼마나 잘 읽는지 믿을 수 없어 하더군요. '이리 와서 이 여자애가 읽는 걸 들어 봐.'라고 하더라고요. 제가 모르는 사람이 서너 명 더 와서 제가 읽는 걸 듣고 있었어요." 오프라는 후에 이렇게 말했다.

열일곱 살밖에 되지 않았고 아직 고등학교에 다니고 있었지만, 오프라는 시간제 뉴스 아나운서 아르바이트 자리를 제안 받았다. 그녀는 감격했다. 학교가 끝나면 그녀는 오후 3시 30분 뉴스를 진행하기 위해 라디오 방송국으로 달려갔다. 그녀는 좋아하는 일을 하는 데다가 돈까지 벌었다.

대학으로

1971년 6월, 오프라는 이스트 고등학교를 졸업했다. 그리고 몇 개월 후 엘크스 클럽에서 받은 장학금으로 테네시 주립 대학에 들어갔다. 내슈빌에 있는, 흑인들만 다니는 학교였다. 그녀는 화법과 드라마를 전공할 계획이었다. 오프라는 돈을 절약하기 위해 계속 아버지, 새어머니와 함께 살면서 학교까지 멀지 않은 거리를 통학했다. 그리고 뉴스 아나운서 일을 포기하고 싶지 않았기 때문에 WVOL에서도 시간제 아르바이트를 계속 했다.

　　오프라가 대학에 들어갔을 때 미국은 베트남 전쟁의 혼란 속에 빠져 있었다. 그 전쟁은 북쪽 공산 베트남과 미국의 지원을 받는 남쪽 베트남 사이에 일어난 분쟁이었다. 전국의 대학생들은 미국이 전쟁에 참가하는 것에 반대하는 항의 시위를 벌이고 있었다. 1970년 미국의 방위군은 오하이오에서 벌어진 반전 시위 도중 네 명의 켄트 주립 대학 학생들에게 총을 쏘았다.

　　다른 문제들도 학생들의 열정에 불을 붙였다. 오프라가 다니던 흑인 대학에는 정치와 폭력, 행동주의를 통해 미국 흑인들이 힘을 얻어야 한다고 주장하는 '블랙 파워'를 위해 많은 흑인 학생들이 모여들고 있었다.

　　"격동의 시기였어요. 그때 '블랙 파워' 운동이 계속 진행되고 있었지만, 저는 그 흑인들의 화난 감정을 한 번도 느낀 적이 없었거든요. 제가 흑인이어서 혹은 여자이기 때문에 뭔가를 하지 못한다고 느낀 적은 한 번도 없었어요." 나중에 오프라는 말했다.

　　오프라는 정치에도 시위에도 관심이 없었다. 그보다는 학

오프라가 대학에 다닐 무렵, 미국은 흑인들의 '블랙 파워' 운동이 한창이었다.

교에서 성공하고, 재능을 쌓으며 발전하는 일에 관심이 있었다. 이렇게 정치적으로 민감한 시기에 시위에 관여하지 않았기 때문에 과 친구들은 오프라를 좋아하지 않았다. 어떤 학생들은 그녀를 '오레오'(까만 쿠키 사이에 하얀 크림이 들어간 과자 이름)라고 부르기까지 했다. '속(정신)은 하얗고(백인) 겉(피부)은 검다(흑인)'라는 뜻으로 자신이 백인인 양 행동하는 흑인들을 비웃는 표현이었다. 오프라는 대학이 싫어졌다.

테네시 주립 대학에 다니기 시작한 지 얼마 되지 않아 오프라는 윌리엄 테일러라는 남자와 사랑에 빠졌다. 불행하게도 테일러는 다른 여자들과 데이트를 하면서도 오프라에게는 말하지 않았다. 두 사람의 관계가 끝나자 오프라는 상심했다.

1972년 오프라는 두 번째 미인 대회에 나가서 우승을 차지했다. '미스 흑인 내슈빌' 대회였다. 그리고 계속해서 세 번째 대회에서도 우승하여 '미스 흑인 테네시'라는 이름을 얻었다. 오프라는 이 대회들에서 우승했다는 사실에 스스로 놀랐다. 자신이 남들이 흔히 말하는 '미인'의 기준에 미치지 못 한다고 생각하고 있었고, 성격이나 재능에 대한 것은 심사 기준에서 그리 대단치 않게 여겼기 때문이었다.

"우승할 거라고는 생각하지 않았어요. 다른 사람들도 마찬가지였죠. 그런데 맙소사, 다른 참가자들이야 당연히 기분 나빴겠죠. 그래서 제가 말했어요. '나도 정말 모르겠어. 나도 너희만큼 충격을 받고 있다고.'"

할리우드를 방문하는 동안 오프라는 할리우드 대로에 있는 명예의 거리를 보았다. 각각 유명한 영화나 TV 스타의 이름이 적힌 수백 개의 황금 별들이 거리를 장식하고 있었다. 오프라는 무릎을 꿇고 그 중 별 하나를 손으로 만졌다. 그리고 언젠가는 자신의 별도 다른 별들 옆에 자리를 잡을 거라고 그녀는 아버지에게 말했다.

오프라의 아버지는 그녀가 배우가 되는 것을 원하지 않았지만 그 말을 비웃지는 않았다. 그도 가슴 속에서는 그의 딸이 성공하리라는 것을 알고 있었다.

Oprah Winfrey

05 내게 토크쇼는……

"'아, 실수를 할 수 있구나, 그래도 세상이 끝나는 건 아니구나.'
완벽할 필요는 없다는 것, 텔레비전 일을 하는 저에게 가장 큰
교훈이죠."

대학에서 오프라는 수업을 듣고 열심히 공부하며 책도 많이 읽었다. 그러나 라디오 방송국 WVOL에서 뉴스 아나운서 일을 하면서 그녀는 소중한 현장 경험을 얻었다.

1973년 오프라는 내슈빌에 있는 CBS 텔레비전 방송국인

◀ 스물두 살의 오프라는 볼티모어에서 뉴스 앵커로서 새 일을 시작했다. 사진은 볼티모어 항.

WTVF-TV의 프로듀서에게서 한 통의 전화를 받았다. 그는 오프라가 진행하는 라디오 방송을 들었으며 그녀의 재능에 깊은 감명을 받았다고 말했다. 그는 저녁 뉴스의 기자로 그녀를 채용하고 싶어 했다.

오프라는 믿을 수가 없었다. '나를 채용하고 싶다니, 기자로?' 오프라는 겨우 열아홉 살이었다. 오프라는 취직을 하면 더 이상 대학에 다닐 수 없을 거라고 생각했다. 그래서 그 제안을 거절했다.

방송국 프로듀서는 쉽게 포기하지 않았다. 그는 오프라에게 두 번 더 전화해서 오디션을 보러 오라고 설득했다. 오프라는 혼란스러웠다. 뉴스 진행자보다는 배우가 되고 싶다고 생각했기 때문이었다. 오프라는 테네시 주립 대학의 화법 교수에게 조언을 구했다.

"뭘 망설이나? 이 학생들이 대학에 다니는 이유는 CBS 방송국에서 채용하고 싶다는 전화를 받기 위해서라고 생각하지 않나?" 교수는 웃으며 말했다. 그는 오프라가 방송국의 제안에 주저한다는 사실을 믿을 수가 없었다.

오프라는 교수의 말을 신중히 생각했다. 그리고 방송국에서 제안한 일을 해 보기로 결정했다. 아주 좋은 기회일 수 있었다.

오디션에서 오프라는 무엇을 어떻게 해야 할지 몰랐다. 그래서 TV 기자 바바라 월터스인 것처럼 연기를 했다. "바바라가 앉는 것처럼 의자에 앉았죠. 적어도 바바라가 앉는 모습을 상상하면서 그렇게 앉았어요. 그리고 원고를 내려다본 후 카메라를 쳐다봤죠. 그렇게 하는 거라고 생각했거든요. 가능한 한 카메라와 눈을 많이 마주치는 거죠. 적어도 제가 바바라를 볼 때는 그렇게 보였으니까."

오프라는 일을 시작했다. 그리고 1만 5,000달러(약 1,500만 원)의 연봉을 받는다는 사실에 흥분했다. 그 돈은 아버지가 이발소에서 버는 것만큼 큰 돈이었다. 무엇보다 좋은 일은 학교를 그만둘 필요가 없다는 것이었다. 낮에는 수업을 듣고 일은 저녁에 했다.

오프라가 취직을 했을 당시 미국 회사들은 '차별 철폐법'이라는 정부의 새로운 지침에 따라야 했다. 기업체에서 직원을 고용할 때 특정 비율을 소수 인종으로 채워야 한다는 지침이었다. 몇몇 사람들은 오프라가 그 법의 혜택을 받고 지명된 방송국의 '상징'이라고 비난했다. 오프라는 자신이 방송국의 상징이든 아니든 상관하지 않았다. 새로운 일에 만족했고, 자신이 그 일을 잘한다는 사실을 알고 있었다. 그녀는 내슈빌 역사상 가장 어린 첫 흑인 여성 뉴스 진행자였다.

요령을 터득하다

　뉴스 진행자로서의 첫 해는 좌충우돌이었다. 생방송으로 뉴스를 진행하던 어느 날 저녁, 오프라는 처음으로 방송 중 큰 실수를 하고 말았다.

　"다른 나라들의 이름을 읽고 있었는데 캐나다를 '캐-나드-아'라고 읽은 거예요. 웃음이 나오기 시작하더라고요. '캐나드아가 아니라 캐나다였습니다.'라고 정정하고 난 다음, 막 웃기 시작했죠. 세상에, 그게 제 첫 번째 실제 상황이었어요. 나중에 프로듀서가 저한테 오더니 그러더군요. '실수를 해도 그대로 계속하세요. 정정을 해서 사람들이 실수했다는 걸 알게 해서는 안 됩니다.' 그 사건이 저한테는 깨달음의 시작이었어요. '아, 실수를 할 수 있구나, 그래도 세상이 끝나는 건 아니구나.' 완벽할 필요는 없다는 것, 텔레비전 일을 하는 저에게 가장 큰 교훈이었죠." 오프라는 회상한다.

완벽할 필요는 없었지만 오프라는 최선을 다하고 싶었다. 뉴스 전달 실력을 향상시키려고 그녀는 이전 방송 테이프를 들으며 공부했다. 시간을 맞추고, 리듬을 타고, 카메라 앞에서 편안한 모습을 보이려고 노력했다. 곧 그녀는 자신만의 따뜻하고 격의 없는 스타일을 개발해 냈다. 더 이상 바바라 월터스를 따라하지 않았다.

WTVF-TV에서 경험을 하고 나자, 오프라는 텔레비전 방송 일을 계속 하고 싶었다. 그녀는 더 나은 방송 일을 찾기 시작했다. 그리고 자신의 홍보 테이프를 뉴욕이나 로스앤젤레스와 같이 큰 도시에 있는 방송국들에 보냈다.

1976년 오프라는 마음에 드는 취직 제안을 받았다. 메릴랜드 주 볼티모어에 있는 WJZ-TV의 방송 프로듀서가 그녀에게 뉴스 기자이자 앵커 자리를 제안했던 것이다. 그들은 그녀가 3

개월 후에 바로 일을 시작할 수 있기를 바랐다.

오프라는 그 제안에 대해 깊이 생각했다. 내슈빌을 떠나게 되면 아버지와 새어머니의 집을 떠나야 하고, 몇 개월 남지 않은 학사 학위를 받기 전에 대학을 그만두어야 했다.

그러나 오프라는 인생에서 일어나는 빠르고 극적인 변화에 익숙해져 있었다. 그리고 경력을 쌓겠다는 결심을 굳혔다. 연봉이 오르는 것은 물론, 이름난 방송국에서 일하는 것은 자신에게 발전을 가져다 줄 것이라 여겼다. 오프라는 그 일을 하기로 결정했다.

볼티모어여, 내가 왔다

1976년 6월, 스물두 살의 오프라는 볼티모어에 도착했다. 방송국에서는 WJZ-TV에서 그녀의 첫 방송을 홍보하기 위해 도시 곳곳에 재미있는 광고판을 설치했다. 그 광고판에는 '오프라가 누구지?' 라고 적혀 있었다.

오프라는 자신의 눈을 믿을 수가 없었다. 벌써 볼티모어에서 자신의 이름을 보다니! 그리고 WJZ-TV에서 빨리 새 일을 시작하고 싶어 견딜 수가 없었다. 그녀는 아파트를 임대하고 일할 때 입을 새 옷을 샀다. 1976년 8월 16일, 오프라는 WJZ-TV의 6시 뉴스로 데뷔했다. 그 방송을 위해 그녀는 새빨간 정장을 입고, 머리는 '아프로'라고 하는 당시 유행하던, 자연스러운 머리 스타일을 했다.

새로운 일을 시작하는 대부분의 젊은 사람들과는 달리 오프라는 차분하고 자신감에 넘쳤다. 사람들 앞에서 말을 했던 오랜 경험과 앵커를 했던 경험 덕분에 그녀는 카메라 앞에서 편안하게 말할 수 있었다.

오프라는 따뜻하고 다정하게 뉴스를 읽었다. 그녀는 현실적인 사람으로 사람들에게 다가갔다. 그러나 몇몇 사람들이 생각하기에 그녀는 저녁 뉴스를 맡기에는 너무 감정적이었다. 가끔 그녀는 텔레프롬터(읽을 대사를 보여 주는 비디오 장치)에 나오는 말을 바꿔서 뉴스가 좀더 격의 없게 들리도록 했다. 그리고 자신이 전하는 이야기에 감정적으로 빠져들었다.

"제 개방성 때문에 뉴스 기자 일을 아주 잘 해내지 못했던 것 같아요. 현장에 가서 화재로 아이를 잃은 사람들을 인터뷰

할 때면 마음이 아파서 그대로 이야기를 했죠. '괜찮아요. 저한테 이야기하지 않아도 됩니다.' 라고요."

오프라의 뉴스 프로듀서는 이해심이 많지 않았다. "그 사람들이 당신에게 이야기를 안 해도 된다는 게 무슨 뜻이오?"라고 그가 물었다. 오프라는 대답했다. "그녀는 막 아이를 잃었어요. 거기다 대고 질문을 하는 게 얼마나 마음 아픈 일인지 모르시겠어요?"

한번은 취재차 장례식에 간 적이 있었다. 거기에서 그녀는 장례식장에 들어가기를 거부했다. 가족들에게 연민을 느꼈고, 그곳의 어느 누구도 방해하고 싶지 않았기 때문이었다. 오프라는 때때로 슬픈 이야기를 읽을 때면 방송 중에 울기도 했다.

오프라의 윗사람은 그녀가 자연스럽고 개방적인 태도로 뉴스를 보도하는 걸 탐탁지 않게 여겼다. 내슈빌 사람들은 그녀의 편안하고 다정한 태도를 좋아했다. 그러나 볼티모어 사람들은 좀더 세련된 뉴스 앵커를 원했다. 오프라는 그 도시의 다른 뉴스 앵커들처럼 빈틈없고 보수적인 모습이 아니었던 것이다.

구름 뒤의 햇살

오프라는 방송국과 2년 계약을 했기 때문에 프로듀서는 그녀를 해고할 수 없었다. 대신 그들은 그녀에게서 저녁 뉴스를 빼앗고, 아침 5시 30분에 하는 5분짜리 뉴스를 주었다. 그녀의 윗사람은 그녀가 너무 잘하기 때문에 더욱 좋은 자리로 이동된 것이라고 말했지만, 오프라는 자신이 밀려났다는 것을 알았다.

"아무 생각도 할 수 없었죠. 그때까지는 모든 것이 순조로웠거든요. 제 인생이나 제가 선택한 방향을 많이 생각해 보지 않았죠. 우연히 텔레비전 일을 하게 되고, 또 라디오 일을 하게 되고……. 그때가 스물두 살이었는데 전에는 한 번도 실패를 해 본 적이 없었던 터라 모든 일이 당황스럽기만 했어요." 그녀는 말한다.

한편, 방송국 프로듀서는 오프라에게 변신, 즉 외모의 변화가 필요하다고 생각했다. 그래서 그녀를 뉴욕에 있는 고급 미용실로 보내 머리를 펴고 스타일을 새롭게 꾸미도록 했다. 오프라는 그들의 결정에 의아해 했다. '상관들은 내가 좀더 백인 뉴스 진행자처럼 보이기를 원하는 것일까?'

미용실에 다녀온 결과는 끔찍했다. 미용사가 곱슬머리를 펴기 위해 독한 미용 약품을 너무 오래 발라두었던 나머지 머리카락이 상해서 빠져 버렸던 것이다. 몇 주 동안이나 오프라는 가발을 쓰고 다녀야 했다.

상황은 좋아지지 않았다. WJZ-TV의 중역들은 오프라의 목소리도 마음에 들어 하지 않았다. 그들은 그녀가 지역 방송학교의 전문 목소리 코치에게 수업을 받아야 한다고 했다. 오프라는 풀이 죽어 갔다. 일이 자신에게 전혀 맞지 않는 것 같았다. 그러나 계속 일을 하고 싶다면 말하는 방법과 외모를 바꾸는 수밖에 없음을 깨달았다.

그녀는 마지못해 목소리 코치 사무실을 찾아갔다. 그러나 놀랍게도 코치는 그녀의 목소리에 아무 이상이 없다고 말했다. 그리고 오프라가 할 일은 자신의 주장을 펴는 방법을 배우는 것이라고 충고했다. 다른 사람이 그녀를 그녀가 아닌 다른 사람으로 바꾸지 못하도록 해야 한다고 말했다. 그리고 윗사람에게 맞서지 않으면 결코 방송계에서 성공하지 못한다고 오프라에게 주의를 주었다.

그러나 오프라는 자신이 방송계에서 성공하고 싶은지조차도 확신하지 못하고 있었다. 마음속에서는 아직도 배우가 되기를 꿈꾸고 있었다.

"전 정말 이 일을 하고 싶지 않아요. 제가 하고 싶은 건 연기예요. 연기를 죽도록 하고 싶어 하니까 누군가 절 발견할 거예요. 누군가 절 발견해 줘야 해요." 오프라는 목소리 코치에게 말했다.

"당신은 헛된 꿈을 꾸고 있군요." 코치가 말했다.

오프라는 자신이 실현성이 없는 생각을 하는 것이든 아니든 상관없었다. 그녀는 새로운 마음을 가지고 WJZ-TV로 돌아갔다. 끝까지 해낼 생각이었다. 오프라는 일단 아침 뉴스 시간을 맡고 더 좋은 일이 주어질 때까지 기다리기로 결심했다.

볼티모어에서의 직장 생활은 순조롭지 못했지만, 사생활에서 그녀는 WJZ-TV의 또 다른 뉴스 진행자인 게일 킹과 친구가 되었다. 어느 날 저녁 갑작스러운 눈보라 때문에 게일이 방송국에 꼼짝 없이 묶이게 되자, 오프라는 스튜디오 근처에 있는 자신의 아파트에서 자고 가라고 그녀를 초대했다. 두 사

람은 옷과 신발 사이즈가 같고, 심지어는 콘택트렌즈도 같은 걸 낀다는 사실을 발견하고 즐거워하며 금방 친해졌다. 그리고 곧 가장 친한 친구가 되었다.

오프라의 직장 생활은 1978년, 새로운 프로듀서가 들어오면서 나아지기 시작했다. 그는 오프라가 새로운 아침 토크 쇼 〈이야기해 봅시다〉를 공동 진행해 주기를 바랐다. 오프라와 공동 진행자 리처드 셔는 유명한 사람들과, 별로 유명하지는 않지만 특별한 사람들을 인터뷰했다. 그 프로에서는 가볍고 재미있는 인터뷰뿐만 아니라 심각하고 개인적인 이야기들도 다루었다.

새로운 쇼는 오프라에게 완벽하게 들어맞았다. "그 토크 쇼를 한 날은 집으로 돌아온 것 같이 편안한 기분이 들더군요. 제가 제일 처음 인터뷰했던 사람은 카벨 아이스크림 맨과 〈나의 아이들〉(1970년대 TV 시리즈)에 나오는 베니였어요. 절대 잊지 못할 겁니다. 방송을 끝내고 나오면서 이런 생각을 했죠,

◀ 오프라는 뉴스 진행자인 게일 킹(오른쪽)에게서 평생의 우정을 찾았다.

필 도나휴(사진)는 낮 시간대 토크 쇼의 구성을 만드는 데 도움을 주었으며, 오프라에게 선의의 경쟁 상대였다.

'이게 바로 내가 계속해야 할 일이었어.' 왜냐하면 그건 숨 쉬는 것과 같았거든요. 숨 쉬는 것처럼 자연스러웠어요." 그녀는 회상한다.

〈이야기해 봅시다〉에서 오프라는 따뜻하고 다정하고 재미

있는 본래의 모습이 될 수 있었다. 그리고 시청자들은 그 모습을 좋아했다. 그녀는 문제점들과 감정에 대해 쇼에 나온 손님들과 이야기하는 것을 좋아했다. 전에 토크 쇼를 진행해 본 경험이 있던 공동 진행자 리처드 셔와도 호흡이 잘 맞았다.

처음 WJZ-TV의 경영진은 〈이야기해 봅시다〉가 전국적으로 방송되는 인기 프로인 필 도나휴 쇼와 같은 시간에 방송되는 것을 불안해 했다.

그러나 몇 주 지나지 않아 책임자들은 안심했다. 볼티모어에서는 〈이야기해 봅시다〉가 도나휴 쇼보다 더 많은 시청자를 확보했던 것이다. 특히 여성 시청자들이 오프라를 사랑했다.

Oprah Winfrey

06 오프라 윈프리 쇼

"사람들이 마음을 열게 하는 제 능력은 인간의 영혼에 공통된 유대감이 있기 때문에 가능한 거죠. 우리 모두는 같은 걸 원하죠. 전 그걸 아는 거고요."

스물여덟 살이 된 오프라 윈프리는 일요일 아침마다 『뉴욕 타임스』 서평란을 보았다. 그녀는 신문 서평란을 언제나 처음부터 끝까지 읽었다.

◀ 오프라는 1984년 가을, 시카고에서 새로운 프로그램을 맡게 되었고, 1년 후 자신의 이름을 딴 〈오프라 윈프리 쇼〉를 탄생시켰다. 사진은 쇼를 진행하기 위해 신발을 갈아 신는 오프라 윈프리.

흑인 작가 앨리스 워커가 쓴 새 책에 대한 기사가 그녀의 눈길을 사로잡았다. 그 책 《컬러 퍼플》은 '가난하고 문맹과 다름없는 남부의 흑인 여자가 남자들이 자신에게 가하는 잔인한 행동에서 벗어나기 위해 고군분투하는 이야기'라고 서평에 적혀 있었다.

그 소설은 아주 흥미로워 보였다. 그녀는 하루 만에 그 책을 다 읽었다. 그리고 근처 서점에 있는 책을 모두 샀다. 친구들에게 보여 주고 싶었기 때문이다.

그 이야기의 주인공인 셀리는 엄청난 고난과 학대를 이겨낸 인물이었다. 그녀는 하나님에게 편지를 쓰면서 인생에서 자신의 역할과 자신의 인생을 만들어 가는 강인한 흑인 여성들에 관해 이야기한다.

오프라는 깊은 차원에서 주인공 셀리와 교감할 수 있었다. "《컬러 퍼플》의 첫 페이지를 읽고 나서 책을 내려놓고 울었어요. 누군가가 이 이야기를 글로 써냈다는 것을 믿을 수가 없었어요. 정말 놀라웠어요."

자신에게 그 책은 치료제였다고 그녀는 말했다. "혼자가 아니라는 걸 알게 되었으니까요. 세월이 흘렀어도 전 어릴 때 당했던 일에 대한 짐을 계속 지고 있었으니까요. 우리는 나와 같은 일을 겪은 사람은 세상에 아무도 없다고 여기죠. 대부분 나보다 더 나쁜 상황을 겪은 사람은 없다고 생각해요. 그런데 이 책을 통해 내가 겪은 일이 그렇게 나쁜 상황은 아니었다는 걸 알게 된 거죠. 놀라운 일이에요." 오프라는 《컬러 퍼플》을 너무 좋아해서 〈이야기해 봅시다〉의 제작진 모두에게 그 책을 주었다.

운명의 오디션

오프라는 6년 동안 인기 정상의 볼티모어 토크 쇼를 공동 진행했다. 그리고 1984년 가을, 서른 살이 되었을 때 또 다른 큰 기회를 맞이했다. WJZ-TV의 한 동료가 그녀에게 시카고에 있는 WLS-TV 방송국에 〈시카고의 오전〉이라는 토크 쇼 진행자 자리가 비어 있다고 했다. 만약 오프라가 그 일을 맡게 된다면 그녀는 20만 달러(약 2억 원)에 가까운 연봉을 받을 수 있었다.

앨리스 워커 -《컬러 퍼플》지은이

　　앨리스 맬시니어 워커(사진)는 1944년 2월 9일, 미국 조지아 주 이튼턴에서 태어났다. 앨리스와 부모님, 그리고 일곱 명의 손위 형제들은 백인 농부에게 세를 얻은 작고 번잡스런 판잣집에서 살았다. 엘리스가 여덟 살이었을 때 오빠가 장난감 총으로 그녀의 눈을 쏘았다. 그녀는 한쪽 시력을 잃었다. 그러나 그 일이 독서와 공부를 좋아하는 앨리스의 기를 꺾지는 못했다. 그녀는 고등학교 졸업식에서 그녀의 반 대표였고, 조지아 주 애틀랜타에 있는 스펠만 대학에 갈 수 있는 장학금도 받았다. 2년 후에 앨리스는 뉴욕에 있는 사라 로렌스 대학으로 옮겨 거기에서 1965년에 예술 학사 학위를 받았다.

　　대학을 졸업한 후 앨리스는 곧장 미시시피 주의 투갈루로 거처를 옮겨 민권 운동에 활발히 참여했다. 1967년, 그녀는 변호사 멜빈 레벤탈과 결혼해 레베카라는 딸을 낳았다. 그들은 1976년에 이혼했다. 이혼 후 곧 앨리스는 샌프란시스코로 이사를 했고, 그곳에서 시와 단편, 에세이, 소설을 썼다. 앨리스의 초기 작품으로는 소설《그랜지 코플랜드의 제3의 삶》(1970),《메리디안》(1976)과 시집《한때는》(1968),《혁명적 패튜니아》(1973)가 있다. 1982년 앨리스는《컬러 퍼플》을 출판했다. 이 책은 22개 국어로 출판되어 400만 권 이상이 팔렸다. 앨리스는 이 책으로 퓰리처상을 수상했다.

그 이후로도 앨리스는 많은 책들을 썼다. 대표작으로는 《우리 어머니들의 정원을 찾아서: 페미니스트의 글》(1983), 《성서 말씀에 따라 살기》(1988), 《내 영혼의 신전》(1989), 《비밀스러운 기쁨 간직하기》(1992), 《내 아버지의 미소짓는 빛으로》(1998), 《상처받은 마음으로 나아가기》(2000)가 있다. 그녀는 전미 미술 기부금 재단의 릴리언 스미스 상을 포함하여 셀 수 없이 많은 상을 받았다.

노동절(9월의 첫째 월요일) 날, 오프라는 시카고로 날아가 형식에 구애받지 않고 자기 자신과 여러 가지 다양한 화젯거리에 대해 이야기하는 한 시간짜리 오디션 테이프를 녹화했다. 방송국 프로듀서 데니스 스완슨은 사무실에서 그녀의 오디션 테이프를 검토했다.

"오디션 테이프를 보면서 '세상에, 이렇게 운이 좋을 수가'라고 생각했죠. 제가 지금껏 본 것 중 가장 훌륭한 오디션 테이프였습니다." 스완슨은 이렇게 회상한다.

그날 오프라는 스완슨의 사무실에서 그를 만났다. 그는 오프라를 채용하고 싶었지만 그 이야기를 바로 꺼내지는 않았다.

"오디션 테이프, 어땠나요?" 오프라가 물었다.

"꽤 잘 된 것 같군요." 스완슨이 대답했다.

오프라는 자신의 피부색이 그 자리를 얻는 데 지장을 준 것은 아닌지 걱정했다. "전 흑인이에요." 그녀는 말했다.

"알고 있어요." 스완슨은 무미건조하게 대답했다.

"그리고 몸무게 문제도 있죠. 살을 빼려고 노력하고 있어요." 오프라는 말했다.

"그건 나도 그래요. 여기서는 아무도 그런 것에 불평하지 않을 겁니다!" 스완슨이 웃으며 말했다.

스완슨은 오프라에게 걸어가서 어깨 위의 머리 치수를 재는 척했다.

"지금 뭐 하시는 거예요?" 그녀가 물었다.

"머리가 어깨에 아주 잘 붙어 있군요. 엄청난 성공을 하더라도 당신 머리가 언제나 그 자리에 있었으면 해서 확인하는 겁니다." 스완슨이 말했다.

"정말로 제가 그렇게 성공할 거라고 생각하시는 거예요?" 오프라는 자신이 그 일을 거머쥐었음을 깨달으며 그렇게 물었다.

"물론이죠." 스완슨은 대답했다. 그리고 〈시카고의 오전〉 계약을 위해 방송국에서 곧 연락할 것이라고 덧붙였다.

정상의 이야기꾼

일리노이 주 미시간 호에 자리한 '바람의 도시' 시카고는 미국의 대도시 중 하나이다. 그리고 오프라의 라이벌인 필 도나휴의 고향이기도 했다. 이곳에서 그녀는 볼티모어에서처럼 계속해서 최고의 시청률을 올릴 수 있을까?

필 도나휴는 오프라가 자신의 쇼에서도 사용했던, 토크 쇼의 형식을 개척한 사람이었다. 쇼의 진행자가 마이크를 잡고 객석으로 들어가서 사람들이 의견을 말할 수 있도록 하거나, 게스트에게 질문을 할 수 있도록 하는 구성이었다. 도나휴는 마치 기자처럼 직설적이고도 객관적인 태도로 문제점에 집중하는 스타일이었다.

반면, 오프라의 쇼는 아주 주관적인 스타일이었다. 그녀는 자신의 감정과 불안과 비밀을 시청자들과 나누었다. 예를 들어, 체중 감량을 주제로 쇼를 할 때였다. 오프라는 자신이 음식 중독으로 고생하고 있다는 사실을 털어놓았다. 한번은 한밤중에 간식으로 핫도그 한 봉지를 다 먹어치웠는데, 우선 전자 레인지에 빵을 해동시킨 다음 메이플 시럽을 덕지덕지 발라 먹었다고 말했다.

오프라는 쇼에 나온 게스트, 관객들과 공감대를 형성했다. 게스트의 기분이 상하면 오프라는 그녀를 안아 주거나 손을 잡아 주었다. 그녀는 아주 색다른 토크 쇼 진행자였다.

"필 도나휴가 했던 가장 개인적인 이야기는 자신이 제멋대로인 가톨릭 신자라는 사실이었죠. 보통 토크 쇼 진행자들은 자신에 대한 이야기를 하지 않아요. 오프라가 새로운 창을 많이 연 겁니다. 시청자들이 그녀와 공감할 수 있었으니까요." 다른 토크 쇼 진행자인 모리 포비치는 말한다.

오프라가 자신의 감정을 드러내 사람들과 공유하자, 게스트들도 그들의 문제를 터놓고 이야기했다. "사람들이 마음을 열게 하는 제 능력은 인간의 영혼에 공통된 유대감이 있기 때문에 가능한 거죠. 우리 모두는 같은 걸 원하죠. 전 그걸 아는 거고요." 오프라는 말한다.

오프라는 자신의 일을 사랑했다. 그녀는 더 이상 좋을 수 없다고 생각했지만, 상황은 더 좋아졌다. 시카고로 이사한 지 1년 후인 1985년, 그녀의 쇼는 〈오프라 윈프리 쇼〉라는 새로운 이름을 갖게 되었다. 그리고 그 프로그램은 시청자들이 주로 어떤 프로그램을 보는지를 측정하는 닐슨 시청률 조사에서 곧 필 도나휴 쇼를 뛰어 넘었다. 쇼의 성공에도 불구하고 오프라는 자신의 인생에 무언가가 빠져 있다는 기분이 들었다. 영화 연기를 하고 싶다는 바람을 그녀는 한시도 놓지 않고 있었다.

영화 〈컬러 퍼플〉

1985년 어느 날, 영화 제작자이자 음악가인 퀸시 존스는 사업차 시카고에 와 있었다. 텔레비전을 켠 그는 오프라가 그녀의 인기 토크 쇼를 진행하는 것을 보았다. 그는 자신이 제작하고 있던 영화 〈컬러 퍼플〉의 소피아 역에 그녀가 딱 맞는다는 사실을 금방 알 수 있었다. 오프라가 너무도 사랑한 책, 《컬러 퍼플》이 바로 그 영화의 원작이었다.

존스는 곧바로 오프라에게 오디션의 기회를 주었다. 몇 달 후 영화감독 스티븐 스필버그가 오프라에게 전화해서 그 역을 제안했다. 오프라는 결국 오랫동안 꿈꿔 왔던 것처럼 배우가 되었다. 그녀는 그 일을 '절대적인 신의 섭리'라고 말했다. 영화에서 오프라는 대니 글로버가 연기한 하포라는 폭력적인 남편에 대항해서 싸우는 여자인 소피아를 연기했다. 1985년 겨울에 개봉된 〈컬러 퍼플〉에 대한 평은 다양했다. 그러나 오프라의

〈컬러 퍼플〉에 나오는 소피아는 학대와 인종 차별에도 굴복하지 않는 굳은 의지를 가진 여자이다. 오프라는 소설이 원작인 이 영화에서 소피아를 연기했다.

연기에 대해서는 모두가 칭찬했다. 『뉴스위크』지는 그녀의 연기를 '순수한 환희'라고 평했다.

1986년, 오프라는 그 영화로 아카데미상 후보로 지명되었다. 그녀는 가장자리에 구슬이 달린 황금색과 상아색의 멋진

드레스를 입고 시상식장에 도착했다. 다이아몬드 목걸이와 귀걸이를 하고, 영화 제목을 나타내듯 선명한 퍼플(자줏빛)로 물들인 10만 달러(약 1억 원)짜리 여우 모피 코트를 입고 있었다. 오프라의 모습은 눈이 부실 정도였지만 그녀는 자신이 뚱뚱하게 느껴졌다. 드레스가 너무 딱 달라붙어서 시상식이 진행되는 동안 거의 숨을 쉬지 못할 정도였다.

방송 일을 하는 동안 스트레스를 받으면 오프라는 자주 음식을 먹으면서 위안을 찾았다. 그녀의 몸무게는 계속적으로 늘어나, 1986년 아카데미 시상식 당시에는 몸무게가 최고치를 기록하고 있었다.

상을 받지 못하자, 오프라는 실망감뿐만 아니라 몸무게도 가볍게 만들려고 노력했다. "아마 하나님은 저한테 이런 말을 하고 계셨을 거예요. '오프라야, 네가 상을 받지 못한 이유는 네 드레스가 너무 꽉 끼여서 상을 받으러 계단을 올라가지 못할까 봐서야.'" 그녀는 『맥콜』지 기자에게 그렇게 말했다.

◀ 아카데미 시상식장에서 영화 감독인 로버트 와이즈(왼쪽)와 함께 한 오프라. 인기도, 몸무게도 하늘 높은 줄 모르고 치솟고 있었다.

오프라는 아카데미상을 받지 못한 일에 너무 마음 아파하지 않으려고 애썼다. 후보에 올라간 것만으로도 대단한 명예임을 그녀는 알고 있었다. 또한 영화 연기를 계속하고 싶다는 생각도 확실해졌다. 한편, 〈오프라 윈프리 쇼〉는 계속해서 최고의 시청률을 기록했다. 1986년, 오프라는 TV 연합방송 회사인 킹 월드 프로덕션과의 거래에 사인했다. 이것은 그녀의 쇼가 전국적으로 방송된다는 것을 뜻했다. 미국 전 지역 사람들이 TV 토크 쇼의 첫 흑인 진행자인 오프라를 알게 되었다.

오프라의 명성은 곧 사회 저명인사의 위치까지 올라갔다. 1980년대 후반, 그녀는 친구 게일과 함께 연설을 하기로 약속되어 있는 곳으로 차를 타고 가고 있었다. 오프라가 그곳으로 차를 가까이 대자, 경찰차와 길게 늘어선 엄청난 인파가 보였다. 교통 체증으로 길은 잔뜩 막혀 있었다.

"누구 유명한 사람이라도 오나?" 게일이 물었다.

"내가 오잖아." 오프라가 대답했다.

"아니, 아니, 내 말은 정말로 누가 오냐고, 너 말고. 이 경찰들이 전부 누구 때문에 와 있느냐는 거지."

"나 때문이라니까." 오프라는 웃으면서 말했다.

게일은 충격을 받았다. "세상에. 너 정말이야?" 그녀가 말했다.

하포 프로덕션

전국 연합방송 덕분에 오프라는 많은 돈을 벌었다. 연봉이 거의 1억 2,500만 달러(약 1,250억 원)에 달했다. 오프라는 늘어난 수입으로 자신의 제작사를 세우기로 결심했다. 바로 하포 프로덕션(Harpo, 오프라의 이름을 거꾸로 쓴 것)이었다. 하포 프로덕션 설립으로 오프라는, 무성 영화 배우 메리 픽포드와 코미디언이자 배우였던 루실 볼과 같은 선구적인 스튜디오 소유주의 뒤를 이어, 역사상 TV와 영화 제작사를 소유한 첫 여성이 되었다. 오프라는 또 다른 분야들도 개척했다.

새 회사를 통해 오프라는 토니 모리슨의 1987년 소설, 《비러비드》와 같은 문학 작품의 영화 판권을 사들이기 시작했다. 문학 작품들에 대한 권리를 사들임으로써 하포는 그런 문학 작품들을 바탕으로 한 영화를 만들 수 있는 권리를 확보했다. 하포는 그 권리를 얻은 수년 후에도 책을 영화로 제작할 수 있었다. 이외에도 오프라는 조라 닐 허스턴의 《그들은 신을 바라보고 있었다》와 도로시 웨스트의 《결혼》을 포함한 몇몇 소설에 대한 판권을 사들였다.

하포의 사업을 이끄는 한편, 오프라는 자신의 토크 쇼를 더욱 좋게 만드는 일에도 신경을 썼다. 아동 학대이든 이혼이든 비만이든 그녀는 사람들이 스스로 자신의 삶을 바꿀 수 있는 힘이 있음을 알게 하려고 노력했다.

또 오프라는 과거를 극복하고 정신적인 고통을 치유하는 일이 얼마나 중요한지 강조했다. "자신의 개인적인 상처를 치료하지 않으면 계속 피를 흘리게 됩니다. 그래서 계속 피를 흘리는 사람들이 사는 나라가 생기는 거죠." 그녀는 말했다.

1990년대 초에 〈오프라 윈프리 쇼〉는 자기 계발과 정신적인 성장에 초점을 맞추면서 변화를 시작했다. 오프라는 사람들이 최선의 자아를 향해 발돋움할 수 있도록 격려하는 연설가 마리안 윌리엄슨과 같은 게스트들을 초대했다.

오프라는 윌리엄슨의 철학에 동의했다. "어렸을 때 전 항상 목사가 되어 설교를 하고 싶었고, 또 선교사도 되고 싶었죠. 그리고 전 여러 면에서 그 꿈들을 모두 이루었다고 생각합니다. 전 제 쇼가 목회라고 생각하거든요." 오프라는 말했다.

그러나 오프라는 일방적으로 말만 하는 사람은 아니다. "그녀는 대부분의 사람들이 짐작하지 못하는 일을 하고 있어요. 오프라는 말을 듣는 방법을 압니다. 머리로만 듣는 게 아니에요. 그녀는 가슴과 영혼으로 듣지요." 〈컬러 퍼플〉 제작을 맡았던, 음악가이자 프로듀서인 퀸시 존스는 말한다.

1987년 에미상 시상식에서, 오프라는 뛰어난 토크 쇼 진행자 상을 받았다. 그녀의 첫 에미상이었다. 같은 시상식에서 그녀의 쇼는 뛰어난 토크 쇼 상과 토크 쇼 감독상을 함께 받았다.

사랑이 가슴 속에

텔레비전과 영화에서 화려한 경력을 계속 쌓아나가던 그녀는 1987년, 그녀 곁을 지켜 줄 남자를 만나게 되었다.

스테드만 그레이엄은 198센티미터의 잘 생긴 모델이자 농구 선수였다. 그는 〈마약에 반대하는 체육인들〉이라는 비영리

단체에서 전무이사로 일했다. 그는 한 번 결혼한 적이 있었고, 웬디라는 어린 딸이 있었다. 오프라는 스테드만을 시카고의 여러 기금 모금 행사와 파티에서 만났지만, 그와 시간을 보낸 적은 없었다.

어느 날 스테드만은 오프라에게 전화를 걸어 데이트를 신청했다. 오프라는 그가 좋은 사람이라고 생각했고, 또 그에게 매력을 느꼈지만, 자신이 유명하고 부자이기 때문에 좋아하는 것은 아닌지 두려웠다. 그래서 데이트 신청을 거절했다. 그러나 스테드만은 한 발자국도 물러서지 않았다. 그는 몇 차례 더 오프라에게 전화를 해서 데이트를 신청했다. 마침내 그녀는 그에게 굴복해서 데이트를 했다. 몇 주 지나지 않아 그들의 가벼운 데이트는 진지하고 책임감 있는 관계로 변했다.

오프라는 1988년 하포 프로덕션을 통해 또 다른 시도를 했다. 하포 프로덕션이 〈오프라 윈프리 쇼〉에 대한 권리를 사들인 것이다. 이제 오프라는 자신의 쇼를 자신의 방식대로 제작할

▶ 뉴저지 주 와이츠보로 출신의 스테드만 그레이엄(오른쪽)은 유럽에서 프로 농구 선수로 활약하다가 미국으로 돌아와 사업에 뛰어들었다.

수 있었다. 그녀는 자신의 스케줄에 융통성을 갖고 자유로운 시간을 내기 위해 쇼를 생방송에서 녹화로 바꾸기로 했다. 그리고 새로운 스튜디오와 제작진을 위해 더 매력적이고 편안한 작업 환경도 찾고 싶었다.

그녀는 이를 위해 과감한 투자도 했다. 시카고 시내에서 서쪽으로 2킬로미터 지점에 있는 8,200평방미터의 제작 스튜디오를 1,000만 달러(약 100억 원)를 들여 구입했다. 그리고 TV 스튜디오와 직원 체육관, 호화로운 사무실, 팝콘 기계를 갖춘 상영실을 더하는 등 시설을 개조하는 데 1,000만 달러를 들였다. 그리고 새 스튜디오에 하포 스튜디오라는 이름을 붙였다.

오프라는 사업 범위를 계속 넓혀 갔다. 1989년, 그녀는 시카고 레스토랑 주인인 리처드 멜만과 함께 레스토랑을 열었다. 미국, 영국, 프랑스, 이탈리아 네 나라의 음식과 장식을 특징으로 하는 그 레스토랑의 이름은 익센트릭('별난 것'이라는 뜻)이었다. 미국 메뉴에는 오프라가 좋아하는 몇 가지 음식들이 있었다. 그 중에는 감자, 고추냉이, 파슬리, 크림으로 만든 '오프라 감자'도 포함되어 있었다.

오프라의 명성이 점점 더 커져 갈수록, 언론은 더욱 그녀를 괴롭혔다. 오프라와 스테드만이 함께 행복하게 지내는데도 언론에서는 그들의 관계를 집요하게 물고 늘어졌다. "왜 결혼을 하지 않습니까?" 기자들은 반복해서 물었다. 언론, 특히 『내셔널 인콰이어러』 같은 타블로이드 신문(보통 개인의 사생활에 대한 소문이나 연예, 스포츠 기사를 많이 다룬다)은 스테드만이 돈 때문에 오프라와 같이 지낸다는 비열한 추측성 기사들을 써댔다.

때때로 언론은 오프라의 몸무게에 대해 무례한 말을 하기도 했다. 그녀는 그런 기사들에 크게 상심했다. "타블로이드 기사들 때문에 매일 울기도 했죠. 아무것도 아닌 이야기들이 나와도 매번 울곤 했어요." 그녀는 말한다.

살과의 전쟁

절실하게 살을 빼고 싶어 했던 오프라에게 그런 기사들은 한층 더 고통스러웠다. 1988년, 여름 휴가 기간에 그녀는 혹독한 다이어트를 시작했다. 3개월 반 동안 다이어트 음료만 마셨다. 너무나 극단적인 다이어트였기 때문에 의사가 그 진행 과정을 감시했다. 오프라는 체육관에서 운동하며 조깅도 시작했다. 그리고 다음 방송 개편 때인 가을 무렵까지 30킬로그램을 뺐다.

1988년 11월 15일, 오프라는 자신의 다이어트 성공담을 시청자들과 나누었다. 그녀는 꼭 달라붙는 사이즈 10의 맞춤 청바지를 입고 무대에 나타났다. 그리고 자신이 뺀 몸무게를 상징하는 30킬로그램의 동물 지방으로 가득 찬 수레를 끌고 나왔다. 관객들은 오프라의 성공에 박수를 치며 환호했다.

일부 시청자들은 그녀의 마른 모습을 달갑지 않게 여겼다. 많은 사람들에게 오프라 윈프리는 마르지 않아도 멋지게 성공할 수 있었기 때문에 존경스러운 인물이었다. 이제 그녀는 몸의 이미지에 대해 어떤 메시지를 전하고 있는 것인가? 어떤 시청자들은 오프라가 자신들을 실망시켰다고 했다.

그러나 오프라는 뚱뚱한 것이 행복하지 않았다. 다른 누구보다 자신을 위해 그녀는 살을 빼고 싶었다. 다이어트 후 건강해지면서 더욱 자신감이 생겼다. 그러나 급격하게 살을 뺀 사람들이 그렇듯이 오프라는 다시 급속하게 살이 쪘다.

그렇다고 저울 위에 나타나는 오프라의 몸무게 변화가 그녀의 성공을 늦춘 것은 아니었다. 쇼는 계속 정상의 시청률을 기록했고, 몇몇 상도 수상했다. 그런데도 타블로이드 언론은 계속 그녀를 괴롭혔다. 오프라와 스테드만이 함께 지낸 지 3년쯤 되었을 때 스테드만이 게이(동성애자)라는 소문이 퍼졌다.

"저에게 가장 힘든 시간이었어요. 제가 뚱뚱한 여자가 아니었다면 절대 그런 소문은 나지 않았을 거라고 마음속으로 믿고 있었어요. 건강하고 예뻤다면 누구도 그런 말은 하지 않았을 테니까요. 사람들이 정말로 하고 싶은 말은 '왜 멀쩡하고 잘 생긴 남자가 그녀와 함께 있을까'라는 거였어요." 오프라는 말한다.

"그이는 아주 당당하게 대처했어요. 그리고 전 그런 스테드만을 더욱 사랑하게 되었지요. 그 기간에 그는 제게 아주 많은 것들을 가르쳐 주었어요. 제가 그 기사를 그에게 건네자 그걸 보고 이렇게 말하더군요. '이건 내 삶이 아니야. 나와는 아무런 상관도 없는 일이라구.'" 오프라는 덧붙인다.

오프라는 저명인사가 된 값을 톡톡히 치르고 있었다. 파파

라치(유명인을 뒤쫓아 다니는 프리랜서 사진사)들이 따라다니는 바람에 스테드만과 단 둘이 공원을 걸을 수도 없었다.

1989년, 오프라는 인디애나에 65만 평방미터의 농장을 샀다. 세상과 저명인사라는 자신의 위치로부터 숨을 수 있는 은신처였다. 거기에는 여덟 개의 방이 딸린 숙소와 운치있는 통나무 집, 체육관, 수영장 그리고 아홉 마리의 말이 있는 헛간이 있었다.

"이 농장은 제가 제일 좋아하는 곳이죠. 전 시골에서 자랐어요. 그래서 이렇게 땅에 매력을 느끼나 봐요. 땅이 펼쳐진 모습이 좋아요. 땅 위를 걷는 것도 좋아하고, 그게 내 땅이라는 생각이 날 흡족하게 해요." 오프라는 『에센스』지의 기자에게 이렇게 말했다.

오프라는 자신의 농장에서 지내는 걸 좋아했다. 거기서는 긴장을 풀고 자기 본연의 모습이 될 수 있었다. 카메라를 위해 미소를 지으며 '방송' 상태가 될 필요도 없었다.

스타 오프라의 모습 속에는 다른 사람들처럼 문제를 안고 있는 평범한 그녀의 모습이 있었다. 1989년, 그녀는 남동생 제프리를 에이즈로 잃는 슬픔을 겪었다. 제프리와 가깝게 지내지는 않았지만 오프라는 남동생의 죽음으로 큰 충격을 받았다.

오프라는 자신의 가족들이나 그들과의 관계를 자주 이야기하지는 않았다. 많은 친척들 가운데 오프라는 자신의 삶을 가장 많이 이끌어 준 사람으로 할머니 해티 메이 리를 꼽았다. "할머니는 저에게 성공을 위한 기반을 마련해 주셨어요. 그 기반 위에서 저는 성공을 계속 쌓아 올릴 수 있었죠. 할머니가 저한테 읽는 법을 가르쳐 주신 덕분에 온갖 가능성을 향한 문을 열 수 있었던 겁니다."

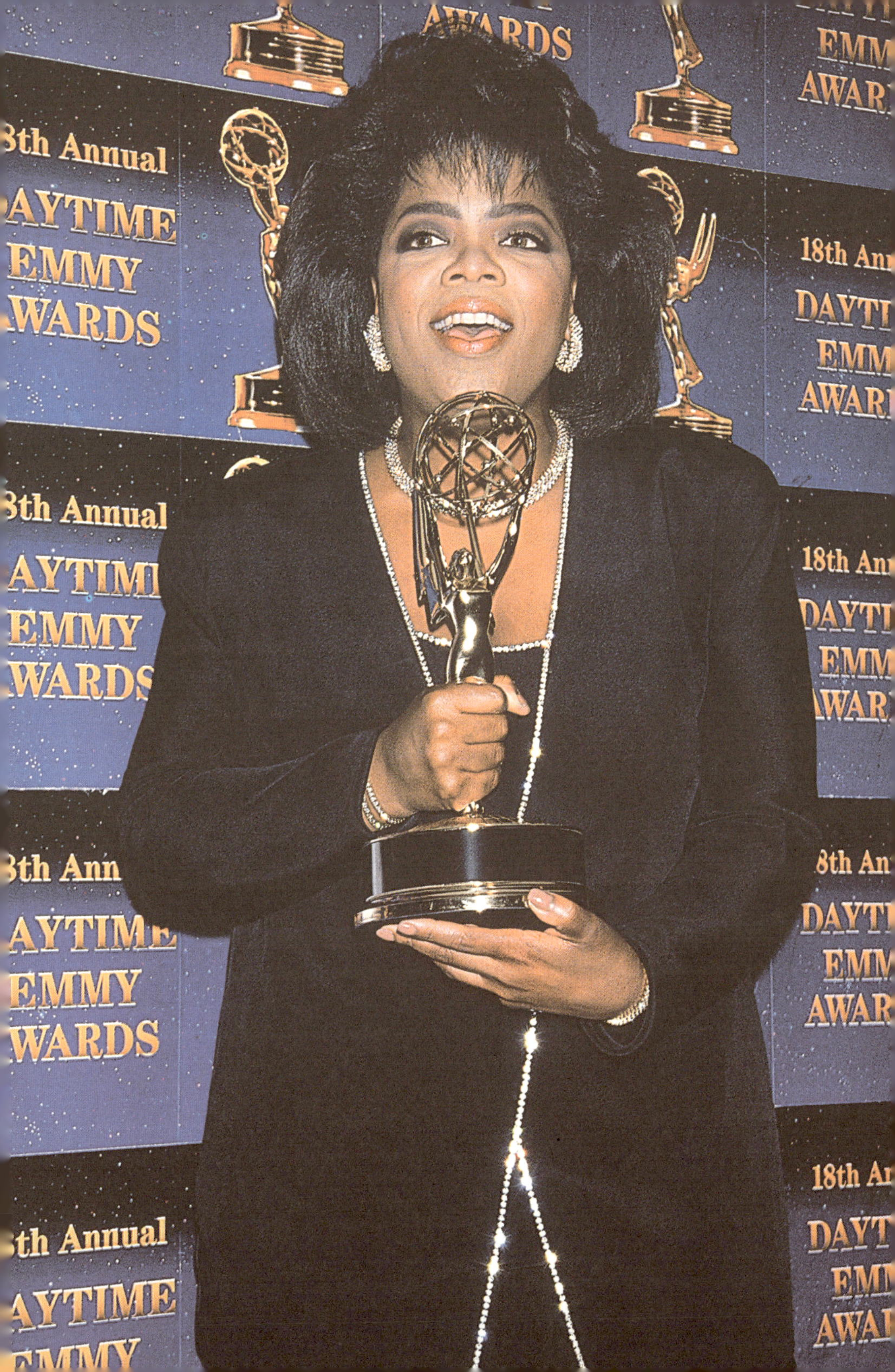
AWARDS
EMMY

Oprah Winfrey

07 책 읽는 기쁨 속으로

"제 인생의 임무 중 일부는 학대를 받아 온 다른 모든 아이들이 말을 할 수 있도록 용기를 주는 겁니다. 말을 해야 해요. 누군가 그 말을 들어줄 때까지 계속 말을 해야 해요."

1990년, 오프라는 자기 자신을 바라보는 시각을 바꾸는 계기가 된 방송을 했다. 그녀는 다중 인격(한 사람이 여러 개의 품성을 한꺼번에 가지고 있는 것)을 가진 한 여자를 인터뷰하고 있었다. 그녀는 어린 시절 극심한 학대를 받았다. "쇼 중간에 그 여자의

◀ 1991년 에미상 시상식에서 오프라는 뛰어난 토크 쇼 진행자 상을 다시 한 번 거머쥐었다.

이야기를 듣다가, '아, 내가 그래서 그랬었구나.' 하고 생각했어요. 항상 제 자신을 비난했죠. 머리로는 다른 아이들이나 사람들에게 '절대 아이 탓이 아니에요. 당신은 절대 당신이 당한 추행에 대한 책임이 없어요.' 하고 말하지만, 전 아직도 어떤 식으로든 제 책임이라고 믿고 있었죠. 제가 나쁜 아이였기 때문이라고 말이에요." 오프라의 회상이다.

"그래서 방송 중에 그 일이 생긴 거예요. 방송 중에 다른 사람의 경험을 듣다가 그 일이 일어난 거죠. 텔레비전 방송에서 히스테리를 일으킬 것 같더군요. 그래서 '그만! 멈춰요! 카메라를 멈추세요!' 라고 했어요. 하지만 멈추지 않더군요. 끝까지 하긴 했지만 정말로 정신적인 충격이 컸어요. 그러고는 깨달았죠. 전 언제나 애정과 관심을 찾는 그런 아이였고 그래서 '그래, 넌 소중하단다.' 하고 말해 줄 사람을 언제나 찾고 있었던 건데, 불행히도 그런 마음을 이용하고 잘못 해석하는 어른들이 있었다는 걸요."

그 쇼는 오프라에게 커다란 전환점이 되었다. 그때부터 그녀는 모든 사람들의 마음에 들어야 한다는 강박관념을 극복하려고 노력했다. 또 모든 사람이 자신을 좋아해 주길 바라는 마음을 바꾸려고 노력했고, 어린 시절의 불행했던 경험이 자신의 탓이 아니었다는 걸 깨닫고 그것을 극복하기로 결심했다.

"오프라가 구석에서 침 흘리면서 서 있는 정신병자가 되지 않은 게 기적이죠." 오프라의 친구 게일이 농담하듯 말했다. "극복하기만 한 게 아니라, 그녀는 그 벽을 뛰어넘어 꽃을 피운 거예요."

오프라는 자신의 고통스러운 과거를 긍정적으로 이용할 수 있다는 사실을 깨달았다. 학대를 당한 다른 피해자들을 돕는 것이었다. "제 인생의 임무 중 하나는 학대를 받아 온 다른 모든 아이들이 말을 할 수 있도록 용기를 주는 겁니다. 말을 해야 해요. 사람들이 믿지 않아도 계속 말하는 거예요. 누군가 그 말을 들어 줄 때까지 모든 사람들에게 계속 말을 해야 해요."

1991년, 오프라는 미국 입법자들에게 자신이 받은 학대에 관해 이야기했다. 미 상원의 사법 위원회 앞에서 증언하고 국가 아동 보호법 통과를 위해 일했다. 그 법으로 유죄 선고를 받은 아동 학대자들 명단이 파일로 작성되었다. 2년 후, 빌 클린턴 대통령은 '오프라 법안'을 법으로 만드는 데 서명했다.

통제하기

1992년 6월, 오프라는 에미상 시상식에서 세 번째로, 뛰어난 토크 쇼 진행자 상을 받았다. 그러나 정작 그녀는 기뻐하기보다는 온 나라 사람들이 자신의 거대한 엉덩이를 쳐다보는 가운데 뒤뚱거리며 무대에 올라가야 하는 것이 창피했다고 말했다. 오프라의 몸무게는 최고치인 110킬로그램에 도달해 있었다.

"제 자신에 대한 통제력을 잃은 것 같아서 그렇게 바보 같을 수가 없었어요. 거기에서 제가 제일 뚱뚱한 여자였죠." 그녀는 이렇게 회상한다.

걱정이나 슬픔, 두려움 같은 불편한 감정들이 오프라가 음식을 먹게 되는 요인이었다. "다음 주 목요일에 스트레스가 좀 생길 것 같다는 기분만 들어도 그 즉시 먹기 시작해요. 배관공이 오면 제가 만약 요금에 대해 불평을 해서 그가 기분이 상하게 되면 어떡하나 걱정하죠. 누군가에게 조금이라도 불편한 소리를 하게 되지 않을까 걱정이 되면 그걸 견디기 위해서 음식을 먹어야 해요. '먹자, 먹자, 먹자.' 계속 그렇게 생각하면 좀 차분해지죠."

에미상 시상식 후, 오프라는 살을 빼기 위해 콜로라도 주 텔러라이드에 있는 온천에 갔다. 그곳에서 그녀는 개인 트레이너인 밥 그린을 만났다. 오프라는 금방 그린이 좋아졌다. 그는 따뜻하고 친절했으며, TV를 보지 않았기 때문에 그녀에 대해서 아무것도 몰랐다. 오프라는 그린에게 그녀를 위한 건강 프로그램을 짜달라고 부탁했다.

오프라는 온천에서 저지방 다이어트와 그린의 운동 프로그램으로 5킬로그램 정도를 뺐다. 그녀는 지난 번 다이어트 때와는 달리 편한 기분을 느꼈다. 사생활도 순조로웠다. 1992년, 스테드만은 오프라에게 청혼했다. 두 사람은 다가오는 9월로 결혼 날짜를 잡았다.

오프라에게는 또 다른 일도 있었다. 자서전을 쓰고 있었던 것이다. 그녀는 바쁘고 행복하고, 생기발랄해 보였다.

오프라는 밥 그린에게 시카고로 와서 자신의 개인 트레이

너가 되어 달라고 설득했다.

그린은 그녀의 제안을 받아들였지만, 오프라에게 건강 프로그램을 서서히 시작해야 할 것이라고 충고했다. 처음 그녀는 매일 걸었다. 그런 다음에는 하루에 5킬로미터씩 조깅을 하다가, 나중에는 하루 13킬로미터로 늘렸다. 일주일에 6일을 운동하고, 휴가를 갈 때는 그린이 함께 갔다. 그는 오프라의 건강에 대해 오프라 자신만큼이나 열심이었다. 몇 달 후 오프라는 샌디에이고의 20킬로미터 단축 마라톤에서 완주했다.

오프라가 건강 프로그램에서 강조한 점은 살만 빼는 것이 아니라 양호한 건강 상태를 유지하는 거였다. 그녀는 자신의 개인 주방장인 로지 데일리의 지원도 받았다. 데일리는 오프라가 맛있는 저지방 음식을 먹도록 했다. 1993년까지 오프라는 거의 41킬로그램을 뺐다.

드디어 그녀는 살과의 전쟁이 끝나가고 있음을 느꼈다. "자신을 괴롭히는 것이 무엇인지를 알아야 해요. 저에게는 여러 면에서 제 삶에 놓인 진실을 똑바로 마주할 능력이 없다는 게 문제였죠. 내 자신의 고통에 대한 감정을 부정하는 법을 아주 일찍부터 배웠어요. 그래서 그 위에 여러 겹을 덮어서 파묻어 버리는 거죠. 전 그저 모든 걸 덮어 버리기만 했던 거예요."

1993년 6월, 오프라는 결국 자서전을 쓰지 않겠다고 발표했다. 자신의 이야기를 하기에 적당한 시기가 아니라고 그녀는 말했다.

"어떤 일을 약속하고 나서 중간에 포기하는 것, 그것이 오프라에게는 가장 힘든 일일 겁니다." 하고 밥 그린은 말했다.

오프라의 결혼 계획도 끝까지 지켜지지 않았다. 9월의 결혼 날짜가 다가왔다가 그냥 지나갔다. 그러나 오프라와 스테드만은 여전히 함께였다.

다른 사람들을 돕다

자서전은 쓰지 않았지만 1994년 오프라는 그녀를 아끼는 사람들을 위해 다른 책을 출간했다. 오프라와 그녀의 주방장 로지 데일리가 저지방 요리법을 담은 《로지의 부엌》이라는 요리책을 출간한 것이다. 오프라가 자신의 쇼에서 책을 홍보한 다음날, 그 책은 기록적인 속도로 팔려 나가 거의 일 년 동안 베스트셀러가 되었다.

오프라는 아주 부유하고 유명했지만 다른 사람들의 성공을 돕는 데서 더 큰 즐거움을 찾았다. 인도 태생의 의사 디팍 초프라는 1993년 오프라의 쇼에 출연한 후, 자신의 책 《나이 들지 않는 몸, 영원한 마음》이 단번에 베스트셀러 명단의 정상에 올라가는 것을 보았다.

1994년, 오프라는 사람들을 돕는 독특한 방법을 찾아냈다. 그녀는 이전에 입었던 맞춤 옷들과 신발을 경매하는 자선 행사를 시카고의 하얏트 호텔에서 열었다.

그 경매에 왔던 한 여자는 가난한 미혼모였다. 그녀는 돈이 조금밖에 없었고, 그 돈으로 살 수 있는 것은 사이즈 10의 신발 한 켤레뿐이었다. 그러나 그걸 사더라도 자신은 발 사이즈가 7이었기 때문에 그 신발을 신을 수 없었다. 그래도 그녀는 그 신발을 샀다. 그녀는 그 일이 있은 얼마 후 쇼의 녹화가 끝난 후에 오프라를 만나서 말했다. "가끔 기분이 우울하면 옷장에서 당신 신발을 꺼내 신어요. 그리고 이럴 때 당신은 나에게 뭐라고 할까 생각하죠."

"그 이야기를 듣고 울고 싶었어요. 뭔가 바람직한 일을 해야 한다는 생각을 하게 되었죠." 오프라는 말했다.

〈오프라 윈프리 쇼〉의 시청률은 높았지만, 오프라는 프로그램의 질과 내용을 향상시키기 위한 방법을 끊임없이 찾았다. 오프라는 문제 가정이나 친척들 간의 싸움, 엉망진창이 된 인생들을 방송하는 데 지쳐 있었다.

"쿠클럭스단(Ku Klux Klan, 유색 인종을 배척하는 백인 지상주의자) 단원인 스킨헤드 백인 우월주의자와 토크 쇼를 한창 진행하고 있었어요. 갑자기 이런 생각이 들더군요. '이건 아무에게도 유익하지 않은 방송이야. 어느 누구에게도.' 전에는 이런 사람들이 있다는 걸 알려야 한다고 생각했지만 그런 건 더 이상 하지 않을 겁니다."

오프라는 시청자들의 의욕을 높이고 영감을 불어넣어 주는 방송을 더 좋아했다. 1995년 5월, 그녀는 자신의 쇼에서 '오프라와 운동하기'라는 6주짜리 시리즈를 시작했다. 그 시리즈를 통해 그녀는 시청자들에게 건강한 운동을 시작할 수 있는 동기를 부여해 주고 싶었다.

오프라의 독서 클럽

또 그녀는 자신이 좋아하는 책을 시청자들과 함께 읽고 싶었다. "다른 사람의 인생 안으로 들어가는 일이 자신의 세계에 얼마나 큰 변화를 가져다주는지 몰라요. 제가 가장 사랑하는 일이 그거죠. 전 제 자신을 떠나기 위해, 제 자신을 뒤에 남겨두기 위해 항상 책을 읽습니다. 그게 독서죠. 떠나야 해요." 오프라는 말했다.

1996년, 오프라는 방송 독서 동호회인 〈오프라의 독서 클럽〉을 만들었다. 쇼에서 그녀는 시청자들에게 읽을 책을 정해 주었다. 한 달 후 독서 클럽 회원들은 텔레비전을 보며 그 책의 작가와 토론을 벌였다.

오프라가 정한 첫 번째 독서 클럽의 책은 《사랑이 지나간 자리》였다. 그 책은 아이의 실종을 극복해 나가는 가족을 다룬 소설이었다. 그 책의 작가 재클린 미처드는 독서 클럽에서 선택한 많은 책과 작가들 사이에 비슷한 점이 있음을 알았다. "오프라가 고른 작가들 모두가 책에서 은신처를 찾던 외로운 아이들이었죠. 오프라 역시 그랬고요." 미처드의 말이다.

재클린 미처드(사진)는 오프라가 고른 책과 작가들 사이에 공통점이 있다는 걸 알았다.

독서 클럽에서 고른 책들은 독특하고 강렬하고 진지한 이야기들이었다. 그 중에는 이교(자기가 믿는 종교 이외의 종교) 집단에 들어가 임신을 하게 되는 열네 살 소녀의 이야기인 셰리 레이놀즈의 《낙원의 환희》와 학대받고 자란 뚱뚱한 젊은 여성을 다룬 왈리 램의 《미완성》 같은 책들이 있었다.

오프라의 독서 클럽은 즉각적인 반응을 불러일으켰다. 시청자들은 오프라가 추천한 책을 샀다. 클럽은 더 많은 사람들이 책을 읽도록 했고, 문학 동호회 사람들은 쇼에 더 많은 관심을 가졌다. 책의 판매가 급증하면서 출판 산업은 새로운 상승 기류를 탔다. 독서 동호회들의 인기도 올라갔다. 사람들은 전국에서 자신들의 독서 클럽을 만들었다.

처음 출판업자들은 오프라 쇼가 불러일으킨 그 엄청난 수요에 대한 준비가 되어 있지 않았다. 보더스 서점 체인의 사장인 필립 페퍼는, '오프라 현상'은 지난 15년간 출판업계를 흔들었다고 말했다.

"오프라 윈프리는 자신의 독서 클럽을 통해 독서에 대한 흥미를 불러일으킬 수 있었습니다. 제가 놀랍게 생각하는 건 〈오프라 윈프리 쇼〉는 오후 4시에 방송된다는 사실이죠. 서점에서 우리가 주 소비자층이라고 생각하는 사람들은 그 쇼를 보지 않습니다. 그러니 〈오프라 쇼〉의 시청자들이 나가서 그 쇼에 나온 책들을 사는 거죠." 페퍼는 덧붙였다.

오프라는 토니 모리슨과 같이 잘 알려진 작가들도 초대했

토니 모리슨(사진)은 미국 흑인 여성 가운데 처음으로 노벨상을 받았다.

다. 토니 모리슨은 《솔로몬의 노래》와 《비러비드》 같은 작품으로 여러 상을 받은 작가였다. 오프라는 모리슨을 남자, 여자, 백인, 흑인을 통틀어 현존하는 가장 위대한 미국 작가라고 말했다.

1996년, 오프라는 자신의 쇼에서 책 한 권을 소개했다. 자

오프라와 그녀의 트레이너 밥 그린(왼쪽)은 《연결하기 : 보다 나은 육체-보다 나은 삶을 향한 열 단계》를 공동 집필했다.

신이 직접 참여해 출간한 책이었다. 《연결하기 : 보다 나은 육체-보다 나은 삶을 향한 열 단계》라는 제목의 그 책에서 오프라는 체중 감량을 위해 노력한 과정을 상세하게 다루었다. 그녀와 개인 트레이너 밥 그린은 긍정적인 생각과 자신의 가치를 높이려는 욕구를 이용하여 매일 해 나갈 운동 계획을 제시했다.

"이 책을 사랑해요. 정말 오랫동안 고생하면서 다이애나 로스(흑인 여자 가수)처럼 날씬해지고 싶었거든요. 그러다가 무슨 수를 써도 제가 다이애나와 같은 허벅지는 갖지 못할 거라는 걸 깨달았죠! 저에게 맞는 최선의 몸을 가질 수 있도록 노력해야 한다는 사실을 깨달은 거예요." 오프라는 시카고의 솔저 필드에서 가진 책 판촉회에서 이렇게 말했다.

오프라는 자신을 더 많이 사랑하는 법을 배우고 있었다. 그리고 인생을 기쁘게 사는 방법도 배웠다. "예전엔 기뻐할 시간이 없다고 말하곤 했죠. 할 일이 너무 많다고요. 하지만 제가 살고 있는 삶을 인식하기 시작했어요. 이제 조깅을 할 때면 재스민의 향기를 맡는답니다. 나비가 날아다니는 것도 볼 수 있어요."

Oprah Winfrey

08 날개를 단 오프라

"작가들의 집을 제외하고 그렇게 책이 많은 집은 거의 본 적이 없었어요. 온갖 종류의 책들이 다 있었죠. 오프라는 진짜 독서광이에요."

1997년 오프라는 오프라의 엔젤 네트워크라는 자선 캠페인을 시작했다. 목표는 세상을 좀더 살기 좋은 곳으로 만드는 것이었다. 엔젤 네트워크에서는 3년 동안 한 해도 거르지 않고 미국의 소년소녀 클럽들이 뽑은 50명의 젊은이들에게 대학 장학금

◀ 오프라는 영화 〈비러비드〉에서 시드 역을 맡아, 폴 D 역을 맡은 대니 글로버(왼쪽)와 함께 출연했다.

을 주었다. 그들은 각각 2만 5,000달러(약 2,500만 원)의 대학 장학금을 받았다. 오프라는 시청자들에게 적은 돈일지라도 장학금에 기부하고, '세상에서 가장 큰 돼지 저금통'에 넣어 자신들만의 작은 기적을 만들라고 격려했다.

이외에도 오프라와 엔젤 네트워크는 인류를 위한 해비타트(거주지) 운동 본부를 위해 200개가 넘는 '오프라 하우스'를 지을 계획을 세웠다. 해비타트는 도움이 필요한 가족들이 저렴한 조건으로 안락한 주택을 지을 수 있도록 도와 주는 단체였다. 1998년 여름까지 오프라의 엔젤 네트워크는 후원사들로부터 3,500만 달러(약 350억 원)를 모금했다.

오프라의 이러한 노력은 1997년에 전 분야에서 계속되었다. 그 해 하포 프로덕션은 ABC 방송국을 위해 '오프라 윈프리 제공'이라는 타이틀을 걸고 나올, 우수한 텔레비전 영화 시리즈 여섯 편을 제작하는 데 착수했다.

첫 작품은 〈여자들이 날개를 달기 전에〉라는 영화로 1997년 11월에 방송되었다. 코니 메이 파울러의 소설을 원작으로 한 그 영화는 학대에 시달리는 가난한 소녀, 버드 존슨의 이야기를 다룬 것으로, 오프라 윈프리와 엘렌 바킨이 주연을 맡았다. 몇 개월 뒤인 1998년 2월에는 〈결혼〉이 방송을 탔다. 그 밖에 다른 ABC 시리즈 영화들로는, 잊혀지지 않는 비밀을 극복하기 위해 애쓰는 어머니와 딸의 이야기를 그린 〈에이미와 이자벨〉, 감정 장애가 있는 두 십대 소년소녀의 사랑 이야기인 〈데이비드와 리사〉, 죽어 가는 스승을 매주 방문하는 한 남자의 실화를 그린 〈모리 선생님과의 화요일〉이 있었다.

역시 1997년에 오프라는 책 《연결하기》의 비디오 편을 출시했다. 『시카고 트리뷴』지와의 인터뷰에서 그녀는 비디오 〈오프라 : 연결하기〉는 "자신의 인생을 통제하는 방법에 관한 겁니다. 전 지금 사람들에게 시간 낭비를 하지 않도록 확신을 주려고 하죠. 어렵다는 건 알아요. 마법 같은 해결책이 나타나리라고 믿는 게 더 쉬우니까요." 하고 기자에게 말했다.

1997년 4월 30일, 오프라는 코미디언 엘렌 디제너러스의 인기 시트콤인 〈엘렌〉에 우정 출연했다. 그 프로에서 오프라는 동성애자인 엘렌이 '커밍아웃' 하는 문제를 상담해 주는 심리치료사 역을 연기했다. 거기에서 오프라가 엘렌에게 "잘했어요, 당신은 게이에요!"라고 말하는 장면이 있었다.

오프라의 출연은 논쟁을 불러일으켰다. 곧 전국의 신문, 잡지의 가십란에 오프라가 게이라는 소문이 나돌았다. 사람들은 그녀와 남자 친구 스테드만이 왜 계획대로 결혼하지 않았는지 궁금해 했다.

6월 4일, 오프라는 언론을 향해 말했다. "제가 비밀을 밝힐 거라는 소문들이 많이 돌고 있습니다. 그러나 전 숨기고 있는 비밀이 없으므로 밝힐 비밀도 없습니다. 전 게이가 아닙니다." 오프라는 엘렌에게 중요한 방송이었기 때문에 거기에 출연함으로써 친구인 엘렌을 지지해 주고 싶었을 뿐이었다고 기자들에게 말했다.

스테드만도 이 사건에 대해 언론과 인터뷰를 했다. "그녀는 동성애자가 아닙니다. 오프라는 자신의 정체성을 잘 압니다." 그는 『피플』지의 기자에게 말했다. 그와 오프라는 결혼을 무한정 연기했지만, 연인으로서의 그들의 관계는 아주 강하게 유지되고 있었다.

오프라는 항상 자신의 토크 쇼를 더욱 생기 넘치고 재미있

오프라는 안젤로우를 가리켜, '내 인생에 가장 큰 영향을 미친 여성'이라고 말한다. 사진 왼쪽부터 오프라, 스테드만, 마야 안젤로우.

게 만들기 위해 노력했다. 1997년 중반, 그녀는 시청자들에게 다음 오프라의 독서 클럽 쇼는 시인이자 소설가인 마야 안젤로우의 집에서 녹화할 것이라고 말했다. 오프라가 '의심할 여지 없이 자신의 인생에 가장 큰 영향을 미친 여성'이라고 부르는 안젤로우는 《여자의 마음》이라는 논픽션을 썼다.

그러나 오프라는 그 전에 안젤로우의 허락을 받는 것을 잊고 있었다. 오프라가 그 발표를 했을 때 마야는 집에서 텔레비전을 보다가 웃어댔다. 그리고 텔레비전에 대고 소리쳤다. "나한테 말도 안하고?"

오프라는 결국 그녀를 설득했다. 1997년 6월, 안젤로우는 노스 캘리포니아 주 윈스턴세일럼에 있는 자신의 집에서 방송을 위한 독서 클럽 파자마 파티를 열었다. 안젤로우, 오프라 그리고 다른 네 명의 여자들은 모두 편안한 파자마를 입은 채 《여자의 마음》을 놓고 토론했다. 그 후 마야는 집에서 요리한 음식을 푸짐하게 대접했다.

텍사스에서 생긴 일

　유용한 정보를 제공하는 질 높은 프로를 만들기 위한 오프라의 노력이 그녀를 곤경에 빠뜨리기도 했다. 1996년 4월 16일, 〈오프라 윈프리 쇼〉에서는 '위험한 음식'이라는 주제로 방송을 했다. 쇼에서 게스트들은 광우병의 위험에 대해 이야기했다. 그 병은 감염된 쇠고기를 먹은 사람에게 그와 관련된 질병을 일으킬 수 있는 것으로 알려져 있었다.

　한 채식주의 운동가가 미국에서는 한 번도 발생한 적이 없는 그 무서운 병의 위험에 대해 이야기하자, 오프라는 "그 말을 들으니까 이젠 햄버거를 못 먹겠네요." 하고 불쑥 말을 꺼냈다.

　오프라의 말에 일부 사람들은 분노했다. 특히 한 무리의 텍사스 가축 농장 주인들은 분노한 나머지 오프라를 고소했다. 그들은 오프라가 잘못된 정보로 미국 쇠고기를 헐뜯었으며, 가축 산업에 수백만 달러의 손해를 입혔다고 주장했다.

　1998년 1월, 당시 마흔네 살이던 오프라는 재판을 위해 텍사스 주 애머릴로로 갔다. 그녀는 하포 프로덕션의 직원들을 함께 데리고 갔다. 매일 재판을 위해 법정에 출석하고, 법원에서 나오면 자신의 토크 쇼를 녹화했다.

　가축 농장주들의 대표 변호사 조 코인은 오프라와 그녀의 토크 쇼에 대해 험한 말을 퍼부었다. "이제 죽은 사람과 대화하는 심령술사가 모자라니까 이런 쇼를 만들어서 내놓은 겁니다." 하고 그가 말했다.

　오프라는 재판이 진행되는 내내 침착한 모습을 보였다. 그러나 내심 두려웠다. 대부분의 애머릴로 시민들은 친절했고 그녀를 환영했지만, 오프라는 그 논쟁에 흥분한 몇몇 무분별한 사람들의 행동 때문에 다치지 않을까 걱정했다. 걱정과 압박감에 시달리던 오프라는 재판 기간에 몸무게가 5킬로그램이나 늘었다.

　6주 후에 텍사스의 배심원들은, 오프라는 1996년에 광우병과 관련해 자신의 프로그램에서 한 말 때문에 쇠고기 산업에 피해를 준 것에 책임이 없다고 결정했다. 그녀에 대한 모든 고발이 이유가 없는 것으로 판명되었다.

▶ 텍사스 주 애머릴로의 농장주들이 일으킨 소송으로 연방 법원을 찾은 오프라.

"언론의 자유는 살아 있을 뿐만 아니라 살아서 용솟음칩니다!" 오프라는 재판이 끝나자 기분 좋게 외쳤다. "전 계속 제 목소리를 낼 겁니다. 처음부터 이 일은 그런 목소리를 막으려는 시도라고 믿었습니다. 전 이 나라에서 자신의 목소리를 내기 위해 투쟁하고 죽은 사람들의 자손입니다. 누구도 내 입을 막을 수는 없을 겁니다."

책에서 얻은 감동

흑인을 위한 인권 운동가는 아니었지만 오프라는 항상 자신이 남긴 것들에 강한 자부심을 느껴 왔다. 1997년, 그녀는 자신에게 특별한 의미가 있는 새로운 일을 시작했다. 10년 전 그녀는 토니 모리슨의 《비러비드》를 읽었다. 오프라는 깊은 감동을 받아 다음 날 모리슨에게 전화를 했다. 그리고 작가에게 하포 프로덕션에서 그 책을 영화로 만드는 권리를 사고 싶다고 말했다.

모리슨은 오프라의 제안에 기뻐했다. 그녀는 자신의 책으로 영화를 만들 수 있다고 생각하지는 않았지만 그 제안에 동의했다.

"한 사람의 흑인 여성으로서 다른 흑인 여성에게 계약에 대한 커다란 대가를 건네는 일이 진정 명예롭게 느껴졌어요. 에이전트도 변호사도 협상도 없었죠. '당신이 요구한 만큼 여기 드립니다.' 하는 식이었어요." 오프라는 말한다.

조나단 뎀이 감독을 맡은 그 영화에서 오프라는 1873년 오하이오의 농장에서 살다가 도망친 노예 시드를 맡아 연기했다. 시드는 스위트 홈 농장의 기억과 자신의 딸아이 유령에 사로잡혀 있다. 그리고 대니 글로버가 연기한, 스위트 홈에서 도망 친 노예 폴 D와 재회한다.

오프라는 영화를 만드는 일이 쉽지 않으리라는 것을 알았다. 그러나 감정적인 차원에서 시드를 연기하는 것과, 노예 제도가 미친 영향을 이해하는 것이 얼마나 어려운지는 정확하게 알지 못했다.

"안다고 생각했어요. 하지만 제가 알고 있던 것은 머리로만 이해했던 것들이었죠. 어려움이라든가, 슬픔, 고통 같은. 생각하고 판단하는 차원에서 그것에 대해 말할 수는 있지요. 하지만 〈비러비드〉를 만들면서, 정말로 안다는 게 어떤 것인지를 처음으로 알 수 있었습니다." 그녀는 말했다.

맡은 역에 대해 준비를 하고, 노예의 삶이 어떤 것인지 더 가까이 느끼기 위해 오프라는 노예 시대의 역사를 되풀이하는 일에 참가했다. 그녀는 메릴랜드 숲 속에 맨발로 혼자 버려졌다. 그곳은 도망친 노예들이 한때 여행했던 지하 철도가 있는 지역이었다. 노예 상인 역을 맡은 백인 남자가 그녀를 괴롭히며 욕설을 퍼부었다. 오프라는 처음에는 두려워하지 않았지만 곧 무너졌다.

"이성을 잃고 흥분했죠. 아주 극심한 고통이었어요. 가장 어두운 곳으로 가서 그곳에서 빛을 본 겁니다. '이곳이 나의 뿌리구나.' 하고 생각했어요."

영화 촬영장에서 오프라는 미국 노예들의 삶을 기리기 위해 자신의 트레일러 안에 노예제도의 잔혹한 현실을 상기시키는 노예 문서들을 가져다 놓았다. 그 문서에는 빅 존 900달러(약 90만 원), 사라 800달러(약 80만 원), 리틀 안나 200달러(약 20만 원)……, 이런 식으로 노예들의 이름과 가격이 실려 있었다.

"그 문서들을 다 펼쳐 놓고는 아침마다 촛불을 켜고 그들을 위해 기도했어요. 그들의 이름을 소리 내서 불렀죠. 그런 후 들어가서 촬영을 했어요. '당신을 위해 이 일을 합니다, 리틀 안나.' 혹은 '오늘은 빅 존의 날이에요.' 하고 말했어요. 촬영장에서 문제가 생기면 구석으로 가서 그들을 부르곤 했죠." 오프라는 회상한다.

어느 감정적인 장면을 찍은 후, 오프라는 함께 연기한 대니 글로버의 기분이 좋지 않은 것을 볼 수 있었다. 오프라는 그를 껴안고 왜 그러느냐고 물었다.

글로버는 오프라에게 촬영 중, 책에 나오는 몇몇 인물들을 보았다고 말했다. "물에 빠지는 느낌이었어. 노예가 불에 타는 것을 봤어. 스위트 홈의 모든 노예들을 봤지. 오프라, 그들이 느껴져. 그 사람들의 호흡이 느껴져."

오프라는 그가 울자 오랫동안 그를 끌어안고 있었다. "그녀에게 매달려 있었죠. 다시 일어설 수 있다는 생각이 들 때까지." 글로버는 이렇게 회상했다. 〈비러비드〉를 만든 경험은 촬영이 끝난 후에도 오랫동안 오프라를 떠나지 않았다. "처음 영화를 봤을 때 전 사람들이 절 들것에 싣고 나와야 될 거라고 생각했어요. 한 장면 한 장면이 너무도 강렬하고 깊은 감정을 불러일으켰죠."

"〈비러비드〉는 오프라에게 가장 소중해요. 그녀는 다른 어떤 것보다 그 작품에 열정적이에요." 게일 킹은 말했다.

〈비러비드〉는 1998년 10월, 극장에서 처음 개봉되었다. 영화 비평가 로저 에버트는 오프라의 연기를 '용감하고 깊이 있는 연기'였다고 했다. 『롤링 스톤』지의 피터 트래버스는 이렇게 적었다. "시드 역을 맡은 윈프리의 완벽한 연기는 아름다움과 공포와 꿈속을 파고드는 그런 진실을 전하고 있다."

"그녀의 성공과 부, 독서 클럽과 그녀가 대중문화에 미치는 영향력을 마뜩지 않게 여기는 비평가들은 입을 다물고 자신들의 잘못을 시인해야 한다. 그녀의 연기는 그 정도로 좋았다."

영화는 좋은 평을 받았지만 흥행에서는 그다지 성공하지 못했다. 〈비러비드〉가 개봉된 주말, 관객 동원에서 1위를 차지한 영화는 〈처키의 신부〉라는 제목의 영화였다.

"적어도 우리는 〈비러비드〉가 아카데미 후보에 오를 줄 알

앉어요. 하지만 아무도 그 영화를 좋아하지 않았죠." 오프라의 친구 게일은 회상한다.

오프라는 대중들의 반응에 실망했다. 그러나 영화를 만들면서 그녀는 내면의 성장을 이루었다. 또한 그 책의 작가인 토니 모리슨과 굳은 유대감도 이루었다. 오프라는 토니를 인디애나에 있는 자신의 농장에 초대했다.

모리슨은 책으로 가득 찬 오프라의 집에 깊은 인상을 받았다. "작가들의 집을 제외하고 그렇게 책이 많은 집은 거의 본 적이 없었어요. 온갖 종류의 책들이 다 있었죠. 모두 다 오프라가 읽은 책들이었어요. 장식으로 꽂아 놓은 책들이 아니고요. 그녀는 진짜 독서광이에요." 모리슨의 말이다.

독서 외에도 오프라는 친구들이나 스테드만과 함께 시간을 보내는 걸 좋아했다. "좀더 재미있게 살기로 마음먹었어요. 그리고 즐겁게 지내고 있죠." 1998년에 그녀는 이렇게 말했다.

Oprah Winfrey

09 한계는 없다

"관객들한테 그랬죠? '저와 함께 기회를 잡으세요. 이걸 다르게 해 봅시다.'라고. 당신이 하고 있는 일을 믿기 시작하자 에너지가 채워졌죠. 당신을 봐요. 한 사람이 언론 기업체 역할을 하고 있잖습니까!"

오프라 윈프리 쇼가 시작된 이후로, 쇼와 오프라는 매년 에미상을 받아 왔다. 1998년 미국 텔레비전 예술 과학 아카데미는 오프라에게 에미 시상식에서 평생 공로상을 수여했다. 그녀는 로지 오도넬과 공동으로 뛰어난 토크 쇼 진행자 상을 수상했다.

◀ 오프라의 열성 팬인 로지 오도넬(오른쪽)이 「오 : 오프라 매거진」 창간 파티에 참석했다.

오도넬은 오프라의 열렬한 팬이었다. "오프라는 낮 시간 텔레비전 방송의 기준을 세웠어요. 일관성 있게 반듯한 진행을 보이고 도덕성을 유지함으로써 토크 쇼에 긍정적인 평가를 가져다주었죠." 오도넬은 말했다.

1998년 가을, 오프라는 '인생을 바꾸는 TV'라는 주제로 쇼를 새롭게 구성했다. 이러한 구성 아래 나온 게스트는 《화성에서 온 남자, 금성에서 온 여자》라는 베스트셀러의 작가 존 그레이였다. 남자와 여자는 서로 다른 방식으로 감정을 다룬다는 사실을 강조하는 그레이는 부부들에게 건설적이고 창조적인 방법으로 문제를 해결하도록 용기를 주었다. 오프라는 쇼에 '영혼 기억하기'라는 코너도 마련해서 대부분이 여성인 시청자들이 어떻게 자신들을 위한 시간을 갖고 정신적으로 만족스런 삶을 살 수 있는지를 보여 주었다.

전국적으로 2,600만 시청자들이 매주 채널을 고정하는 〈오프라 윈프리 쇼〉는 역사상 가장 높은 시청률을 기록한 쇼로 남아 있다. 매주 2만 5,000통 정도의 편지와 이메일이 하포 프로덕션에 도착하며, 〈오프라 윈프리 쇼〉는 남아프리카, 중국,

이스라엘을 포함한 112개국에서 방송된다. 오프라는 세계에서 가장 부유한 여자 연예인으로 그녀의 재산은 7억 2,500만 달러(약 7,250억 원)로 짐작된다.

중심에 머물기

저명인사로 사는 일이 항상 만족스런 것은 아니다. 오프라는 명성과 성공이 주는 압박감에 어떻게 대처하고 있을까? 그녀는 조용한 명상으로 하루를 시작한다. 매일 아침 그녀는 이렇게 기도한다. "'하나님, 저의 마음은 당신께 열려 있습니다. 제 마음으로 들어와 주세요.' 저 자신에게 그 말을 반복해서 합니다. 그리고 오늘 누군가를 정말로 기분 좋게 해 주기 위해 무엇을 할 수 있을까 생각하려고 애쓰죠." 오프라는 설명한다.

오프라의 일상에는 매일 매일의 운동도 포함되어 있다. 도시에서는 운동 기구를 사용하고, 인디애나의 농장에서는 들판에서 하이킹이나 조깅을 한다.

일이 없을 때는 농장에 머물면서 책을 읽고 휴식을 취하고 자신의 개들과 뛰어 논다. 개 일곱 마리가 인디애나 농장에 살고 있는데, 그녀가 '털을 가진 작은 인간들'이라고 부르는 소피와 솔로몬이라는 두 마리의 코커스패니얼은 항상 그녀와 붙어 지낸다.

거의 매일 오프라는 가장 친한 친구인 게일과 전화로 수다를 떤다. 게일은 1997년 자신의 토크 쇼를 시작했지만 오래 지속하지는 못했다. "오프라가 어디에 있든 그녀와 떨어져 있다는 느낌이 든 적이 없어요. 언제나 그녀에게 기댈 수 있다는 걸 알죠. 그건 아주 대단한 거예요. 그리고 그녀도 항상 절 의지할 수 있다는 걸 알고요." 코네티컷에서 뉴스 진행자로 일했던 게일은 말했다.

오프라는 게일에 대해 이렇게 이야기한다. "저한테 무슨 일이 일어나든 우리는 매일 밤 이런저런 이야기를 하면서 웃어요. 제가 흔들리지 않도록 확실하게 지켜주는 친구죠."

오프라는 자신이 사랑하는 사람들을 위해 여행과 파티를 주선하기도 한다. 스테드만은 여전히 오프라의 인생에서 큰 부분을 차지한다. "그는 저의 인생을 지탱해 주는 기둥이에요. 항상 제 곁을 지켜주는 사람으로서뿐만 아니라 믿을 수 있는 조언자로서도 그렇죠." 하고 그녀는 말한다.

1999년 6월과 2000년에 오프라와 스테드만은 노스웨스턴 대학의 켈로그 경영 대학원에서 비즈니스 과정을 함께 가르쳤다. '리더십의 역학관계'라는 그 과정은 10주 동안 일주일에 한 번 밤에 열렸다. "가르치는 일은 언제나 제 꿈이었죠. 스테드만이 저를 그 과정에 초대했을 때 얼씨구나 하고 뛰어들었어요." 오프라는 말한다.

언론에서는 계속 오프라에게 스테드만과의 관계에 대해 물었다. 두 연인은 수년 동안 약혼 상태로 남아 있다. "우린 서로에게 깊은 사랑과 존경심을 갖고 있어요. 사람들은 매일 우리에게 언제 결혼할 거냐고 묻죠. 하지만 지금 이대로 너무 잘 지내기 때문에 그걸 망쳐 놓고 싶지 않아요." 오프라는 이렇게 설명한다.

2000년, 케이블 텔레비전 A&E 네트워크에서는 오프라의 전기를 방송했다. 그 프로그램은 480만 명의 기록적인 시청자들을 끌어들였다.

방송계의 슈퍼우먼

1998년, 오프라는 옥시전 미디어에 투자할 것이라고 발표했다. 옥시전 미디어에는 2000년 2월에 진출한 여성 케이블 네트워크가 포함되어 있다. www.oprah.com에 있는 하포의 '오프라의 온라인'은 옥시전 채널과 연결되어 있으며, 오프라의 온라인 자료는 매일 수백만 명의 사용자들에게 열려 있다.

"그 사업은 제가 가장 바라는 일의 연장선에 있어요. 우리는 우리가 아는 최선의 방법으로 여자들을 자기 본연의 모습으로 되돌려 놓기 위한 훌륭한 발판을 마련했어요. 이보다 더 나은 일은 없죠." 오프라는 옥시전 네트워크에 대해 이렇게 말했다.

『뉴스위크』지는 오프라를 두고 '연예 산업에서 가장 강력한 상품명 중 하나'라고 부른다. 이 말은 어떤 것이든 오프라의 이름만 갖다 붙이면 반드시 성공한다는 말이다.

2000년 5월, 오프라는 『허스트』 잡지와 손을 잡고 또 다른 사업을 시작했다. 자신의 잡지를 만드는 일이었다. 『오 : 오프라 매거진』은 사람들에게 용기를 주는 기사들과 힘이 나게 하는 이야기들을 싣고 있다. 『오 : 오프라 매거진』의 첫 호는 2000년 중반에 시중에 나왔다. 창간호는 50만 부를 더 찍어 낸 후에도 모두 매진되어 총 160만 부가 팔렸다.

오프라는 『오 : 오프라 매거진』의 직원들에게 완벽함을 요구한다. "여러분들에게는 오프라라는 이름이 상표라는 걸 압니다. 하지만 저에게 그 이름은 제 인생이에요. 그리고 저의 행동 방식과 제가 대표하는 모든 것입니다." 그녀는 직원들에게 말했다.

매달 오프라는 잡지에 칼럼을 쓴다. 창간호에서 그녀는 잡지를 시작한 자신의 임무를 적었다. "여러분은 얼마나 높이 자랄 수 있습니까? 자신의 잠재력을 실현하려면 무엇이 필요할까요? 저의 희망은 여러분이 더욱 생산적인 삶을 가꾸는 데 이 잡지가 도움이 되었으면 하는 것입니다. 생명력과 협동심, 조화와 균형, 그리고 자기 자신과, 또 마주치는 모든 것들 속에서 존엄성을 느끼는 그런 삶을 살 수 있도록 도와 드리는 것입니다."

어떤 비평가들은 오프라가 자신의 쇼와 잡지에서 너무 설교자나 심리학자 같은 행동을 한다고 말한다. "지난 2~3년 동안 그녀는 너무 설교조로 변했어요. 아직 시청하기는 하지만, 가끔 특정한 게스트가 나오면 오프라는 뭔가 심리학자 같은 행동으로 흥미를 잃게 만들어요." 온라인 의견란에 올라온 한 시청자의 말이다.

그러나 수백만 명의 사람들은 계속 오프라에게서 영감을 찾고 있다. 2000년 6월, 오프라는 자기 계발 세미나인 '개인 성장을 위한 정상 회담'을 4개 도시에서 열었다. "여러분에게 인생을 어떻게 살라고 설교하기 위해 여기에 온 것이 아닙니다. 그저 제가 경험한 것을 여러분과 함께 나누기 위해서 온 것입니다." 그녀는 디트로이트에서 열린 첫 번째 회담에 모인 군중들에게 이렇게 말했다.

"오프라는 우리 흑인 여성들에게 좋은 스승이에요. 그녀는 많은 일을 겪어 왔고, 그녀에게 저절로 주어진 것은 아무것도 없어요. 높은 곳까지 닿는 사람을 본 적이 없다면 어떻게 큰 꿈을 꿀 수 있겠어요? 그녀 덕분에 다른 여자들은 더 높은 곳까지 손을 뻗는 거예요." 세미나에 참가했던 자넷 그레이엄이 말했다. 서른여섯 살의 그녀는 학대받는 여성과 아동을 위한 상담사로 일하고 있다.

오프라는 사람들에게 자신의 시간뿐만 아니라 돈도 주었다. 그녀는 재능 있는 소수 민족 학생들을 전국의 최상위 학교에 보내 주는 '보다 나은 기회'라는 단체의 전국 대변인을 맡고 있다. 2000년 7월, 그녀는 그 단체에 1,000만 달러(약 100억 원)를 내놓았다.

엄청난 직업적 성공에도 불구하고 오프라는 여전히 몸무게와 같은, 아주 인간적인 문제들과 싸우고 있다. "전 행복해도 먹고, 슬퍼도 먹고, 우울해도 먹어요. 행복한지 우울한지 슬픈지 알 수 없을 때도 먹죠. '감자칩 좀 먹고 결정하자.' 하는 식이에요."

물질적인 풍요로움이 그녀가 안고 있는 문제를 저절로 해결해 주지는 않는다. "전 믿을 수 없을 정도로 돈이 많습니다. 하지만 여러분이 가진 문제를 저도 다 갖고 있죠. 돈이란 그런 겁니다. 모든 걸 확대시키죠." 한 개인 성장을 위한 정상 회담에서 오프라는 말했다.

오프라는 9월 11일, 2000~2001년 시즌 첫 방송에 당시 부대통령이며 대통령 후보였던 앨 고어를 특별 게스트로 초청했다. 일주일 후 고어의 경쟁자였던 텍사스 주지사 조지 W. 부시도 쇼에 출연했다.

부대통령 고어와 텔레비전 인터뷰를 하던 도중, 오프라는 그에게 고된 선거 운동을 할 에너지를 어떻게 충전하는지 물었다. 고어는 대답했다. "자신이 하는 일을 믿으면 더 많은 에너지를 얻게 되죠."

고어는 오프라가 쇼의 방향을 변경했을 때 이미 새롭게 충전된 에너지를 발견한 것이라고 말했다. "그리고 관객들한테 그랬죠? '저와 함께 기회를 잡으세요. 이걸 다르게 해 봅시다'라고. 당신이 하고 있는 일을 믿기 시작하자 에너지가 채워졌죠. 당신을 봐요. 한 사람이 언론 기업체 역할을 하고 있잖습니까!" 고어는 말했다.

높은 명성에도 오프라는 여전히 겸손하다. 그녀는 더 이상 자신이 지도자나 설교자나 선생님이라고 생각하지 않는다. 진

오프라 윈프리 쇼에 출연한 부대통령 고어.

심으로 자기 자신은 어느 누구와도 다르지 않다고 생각한다.

"전 사람들이 최고의 자신을 되찾는 걸 도와 주고 싶어 하는 목소리일 뿐이에요. 우리 안에는 가장 좋은 자신의 모습이 있습니다. 오즈의 마법사에서 착한 마녀 글린다가 도로시에게

말하죠. '넌 항상 갖고 있었단다, 얘야.' 여러분은 언제나 그런 힘을 가지고 있어요. 모두가 자기 안에 그런 힘을 갖고 있죠." 오프라는 말한다.

◀ 오프라는 유명세에도 불구하고 여전히 겸손하며 자기 자신은 어느 누구와도 다르지 않다고 생각한다.

OPRAH WINFREY by Katherine Krohn
Text copyright ⓒ 2002 by Katherine E. Krohn
All rights reserved.
This Korean edition was published in 2006 by Sungwoo Publishing Company by arrangement of Twenty-First Century Books, a division of Lerner Publishing Group, 241 First Avenue North, Minneapolis, Minnesota 55401, U.S.A. through KCC(Korea Copyright Center Inc.), Seoul, Korea.

이 책의 한국어판 저작권은 (주)한국저작권센터(KCC)를 통해 저작권자와 독점계약한 도서출판 성우에 있습니다. 저작권법에 의해 한국 내에서 보호를 받는 저작물이므로 무단전재와 복제를 금합니다.

초판 1쇄 찍은날 | 2006년 7월 20일
초판 2쇄 찍은날 | 2007년 4월 19일

지은이 | 캐서린 크론
옮긴이 | 강성희
펴낸이 | 주성우
펴낸곳 | 도서출판 성우
주소 | 121-839 서울시 마포구 서교동 383-18 진성빌딩 2층
전화 | 02-333-1324 **팩스** | 02-333-2187
출판등록 | 1999년 9월 28일 제22-1629호
홈페이지 | www.sungwoobook.com
이메일 | sungwoobook@paran.com
책임편집 | 노은정 김은경
편집 | 김효진
마케팅 | 주용현 이한주 김훈례
꾸민곳 | DESIGN STUDIO 203 (02-323-2569)
디자인팀장 | 고성주 · **디자인** | 류하나 장훈 서영희 김장오 김지훈

ISBN 89-5885-041-8 74840
       89-5885-086-8(세트)   CIP 2006001228

● 책값은 뒤표지에 있습니다. 잘못된 책은 구입한 곳에서 바꿔 드립니다.

지은이 | 캐서린 크론 Katherine Krohn

어린이와 청소년을 위한 인물 이야기 작가이자 소설가이며 화가이다. 《마릴린 먼로 : 노마 진의 꿈》, 《엘비스 프레슬리 : 록큰롤의 황제》, 《로지 오도넬》, 《다이애나 황태자비》, 《엘라 피츠제럴드 : 노래의 영부인》, 《서부 개척 시대의 여자들》 등을 썼다.

옮긴이 | 강성희

동아대학교 독문학과를 졸업하고, 영국 브리튼 대학교 대학원에서 문화비평론을 전공했다. 번역가로 활동 중이며, 《더 나은 내일을 위해》, 《시인과 다이어리》, 《순간을 영원히》 등을 번역했다.

사진 출처

연합포토 | 5, 22, 151쪽
(주)토픽포토에이전시 | 8, 48, 63, 66, 78, 80, 93, 121, 122, 124, 140, 152쪽
www.oprahwinfrey.de | 11, 44쪽
Dick Smith/Hulton Archive/Getty Images | 14쪽
Don Cravens/Time&Life Pictures/Getty Images | 21, 28쪽
Charles H. Phillips/Time&Life Pictures/Getty Images | 30쪽
MPI/Hulton Archive/Getty Images | 32쪽
Ann Rosener/Time&Life Pictures/Getty Images | 39쪽
Frank Driggs Collection/Hulton Archive/Getty Images | 46쪽
Jack Sotomayor/Hulton Archive/Getty Images | 54쪽
Raymond Borea/Hulton Archive/Getty Images | 60쪽
Kevin Horan/Time&Life Pictures/Getty Images | 82, 119쪽
Frank Capri/Hulton Archive/Getty Images | 87쪽
Fotos International/Hulton Archive/Getty Images | 94쪽
Time Life Pictures/Time&Life Pictures/Getty Images | 101, 108쪽
Marion Curtis/Time&Life Pictures/Getty Images | 129쪽
(주)유로포토서비스 | 133쪽